先付出，才能領取獎勵

給孩童的「財商」課，致富能力要從小養成

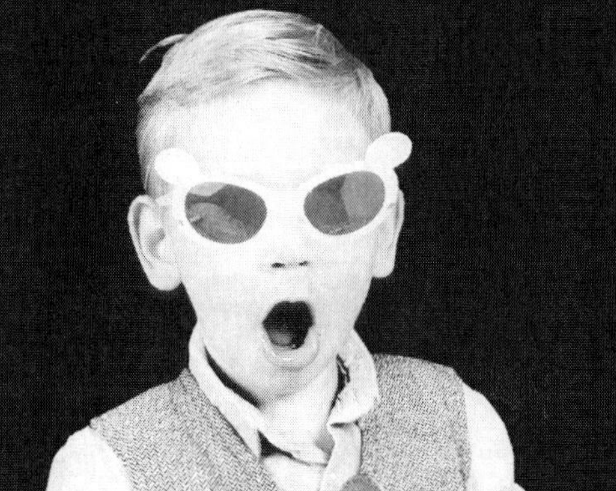

黃依潔，史可 著

每一個尼特族孩子的背後，都有一對過度寵溺的父母；
從小培養好金錢觀念，能讓父母和孩子受益無窮！
理財不僅僅是把錢存起來，少少的零用錢也能發揮大大的價值；
從儲蓄、借貸到買股票，教導孩子主動創造自己的財富！

崧燁

目錄

第6章　帶孩子進入銀行

第7章　教孩子學會簡單的投資

前言

很多家庭很晚才對孩子進行理財教育，時至今日，仍有很多人不明白這個最簡單的道理——你不理財，財不理你。理財知識的匱乏，導致許多不該有的悲劇不斷發生：有的孩子因為沒有從小建立正確的金錢觀，盲目而且不擇手段地追求金錢，最後走向犯罪的深淵；有的孩子已經上了高中，還不具備最基本的儲蓄概念，拿著父母的錢肆意揮霍，最終因父母無法滿足其私慾而走上不歸路；有的孩子因為錢與朋友反目成仇，還有的孩子為了錢而拋棄了自尊……這麼多現象告訴我們：理財，要從小開始！

本書強調「早」字，即在培養孩子理財觀念、習慣等等，都要「早」。從九大面向闡述如何進行理財教育，文中事例、方法、圖表和敘述相結合，文字簡介、易懂，貼近現實生活，親切感十足。

在孩子最適合接收知識的時期，父母到底給了他什麼？教他聽話，教他如何才能做一個讓家長、老師都滿意的好孩子，將他送進各種才藝班，告訴他只有考高分，才有好前途……結果呢?孩子們的生活都在父母的掌控之中，有些孩子甚至在進入大學後，因為生活不能自理而不得不回家或是住家裡。這不是家長想要的結果，更不是孩子想要面對的生活。作為父母，對孩子的愛不能表現在替他包辦一切，而是應該教會他如何才能撐起屬於自己的一方藍天!親愛的家長們，「授人以魚，不如授人以漁」!

第1章 告訴孩子「錢是什麼」

孩子生活在這個社會，不要讓孩子不知錢為何物，或者拒絕讓孩子沾染金錢。要教孩子認識、了解金錢，再告訴他們錢的來源、用途，讓孩子學會自己使用金錢，甚至可以讓他接觸一些簡單的金融知識。

培養孩子的理財能力

金錢可以是許多東西的外殼，卻不是裡面的果實。

——易卜生（Henrik Ibsen）

在現代社會，理財能力是每個人都必須具備的基本素養，它直接影響一個人的成長、發展以及一生的幸福。毫無疑問，金錢意識、理財能力已經成為孩子將來在生活和事業上必須具備的最重要的素養和能力之一，父母應該從小培養。

孩童階段的理財教育，要避免跟孩子說那些枯燥的經濟學理論，你只能告訴他：有錢不是理所當然的，它也並非意味著自身的優越，當然與才智更加無關。錢，只是代表家長努力為孩子的成長提供良好的條件，僅此而已。在孩子對錢有了基本概念後，要幫助他培養正確的金錢觀：如何賺錢、如何管錢、如何花錢，讓他明白奢望不勞而獲是錯誤的金錢觀。此外，還要讓孩子體驗生活的艱苦，讓孩子親身經歷賺錢的不易。利用「零用錢」這個教具，對不同年齡的孩子使用不同的方法，給他實際操作，避免空洞講解，因地制宜、結合環境進行教育。另外需要注意的是，父母在教孩子認識金錢的過程中，要讓孩子在金錢面前能保持自尊，不能為了錢而出賣自己和原則，為孩子未來取得收穫和成就打下堅實的基礎。

那麼，如何培養孩子的理財能力呢？下面給你提供一些方法和技巧，助你一臂之力。

1　尊重孩子的決定

既然將錢給了孩子，那就同時賦予他們自主權吧，即使孩子買錯了，也不要輕易指責。

2　切勿一下子給孩子鉅額的錢

一大筆錢通常會使孩子失去「方向感」，要循序漸進地讓他們感受到錢的用處。

3　引導孩子如何花錢

這和尊重孩子的自主權並不矛盾，告訴他們最重要的東西是什麼，像是書本、智力玩具等等，讓他們懂得「錢要花在刀口上」的道理。

4　養成儲蓄的好習慣

告訴他們「積少成多」的道理，就像知識一樣，要慢慢累積。

5　適當地教孩子投資

投資主要針對已經上高中的孩子，像是：用幾百塊錢進一些小商品賣，既可以讓他們懂得賺錢的艱辛，又能夠使他們萌發經濟意識。

教孩子投資的教育方式在國外習以為常，而在我們周遭還未形成良好的社會環境，所以這一點要慎重進行，免得孩子一味想去賺錢而耽誤學業。

教孩子理財可分為三個時期：

1　學齡前（五歲之前）

此階段需告訴他一些簡單知識，但要注意大多數學齡前兒童無法理解抽象概念，他們只對具體的東西感興趣。

2　童年（六到十一歲）

孩子進入童年期（小學、國中）後，金錢處理能力也有提升。因此，加強孩子的紀律及責任感是這一階段的重要任務。

3　青少年期（十二到十八歲）

這時需要讓孩子準備一個記帳本，學會定期整理，做到收支平衡。

如果你還沒開始教孩子理財，請馬上行動吧！培養一個「小神童」的同時也培養一個「小當家」，使孩子能夠成為一名全面發展的人才。

專家建議：讓孩子從小就認識錢

不應在孩子面前故意迴避金錢問題，這是孩子在成長過程中不可避免要遇到的問題，如果處理不當，很容易使孩子養成不良習慣。有的家長牢牢掌控孩子用錢，孩子卻還偷拿家裡錢，如此下去，後果不堪設想。讓孩子從很小就認識錢、使用錢、掌握錢很重要，在他真正有了錢的概念後，就不會對錢有太大的新鮮感，也不會因沒有錢而隨便拿父母的錢。

金錢教育的必要性

金錢像是肥料，如不散入田中，本身並無用處。

一位家長說，他四歲的兒子在美式賣場看見一輛轎車，立刻舉著一枚五塊錢的硬幣，說要把車買回家。還有位媽媽說，當她問五歲的女兒「我們花的錢是從哪來的」時，孩子很乾脆地回答「是從提款機裡拿出來的」。幼兒金錢觀念如此淡薄，大部分要歸咎於家長對孩子的金錢教育。

在家庭教育中，要不要對孩子進行金錢和消費的教育，很多家長持不同的看法。幼兒教育的專家表示，應該在四五歲的時候，進行金錢和消費的啟蒙教育。大致上幼兒的金錢教育涵蓋以下內容：

1　認識錢幣

為孩子準備一些面額較小的硬幣和紙幣（注意錢幣要消毒清洗過），讓孩子辨別各種錢幣的相異處，並且建立「大小」和「多少」的概念，還可以結合日常生活，告訴孩子多少錢可以買一個雪糕，多少錢可以搭一次公車，讓孩子對錢的作用和多少錢能買什麼東西有初步的印象。

2　釐清錢和勞力的關係

這一點尤為重要。你要讓孩子知道，錢不是誰發給誰的，而是爸爸媽媽經過辛勤工作換來的，要告訴孩子「不勞動者不得食」的道理，從而使孩子養成正確的價值觀。有的家長為了培養孩子觀念，在家裡實行「有償家事」，像是洗一次碗給多少錢，摺一次衣服給多少錢……這樣做不失為一個鼓勵的方法，但是切忌做過頭。教育工作者建議，家長可以適當使用金錢鼓勵的辦法，但更要鼓勵孩子「自己的事情自己做」。讓孩子主動做家事，首先是要讓他體會爸爸媽媽的養育之恩，了解父母的賺錢的不易，還可以體會其中的辛苦，從而達到約束過高購物欲望的目的，建立正確的消費觀。

3　教孩子合理消費

在日常生活中，你可以帶孩子一起購物、繳費等，告訴他去一次肯德基要花多少錢，一個月的保母費是多少等等，讓孩子建立初步的消費觀念。與此同時，還要幫助孩子建立合理消費和選擇消費的概念。

4 奉獻一份愛心

有位媽媽帶孩子去一家身障人士開的餐廳吃飯，餐廳門口有一個捐款箱。每年，老闆都把一部分營業收入捐獻給身障人士。媽媽告訴孩子，讓他也給身障人士一點愛心。孩子很高興地捐了十塊錢。沒想到過了幾天，孩子竟然收到身心障礙聯盟寄給他的一封信，信中寫道：「親愛的小朋友，你捐獻的十塊錢我們收到了，並將轉交給身障朋友。你的善舉使我們感動。金錢是有價的，但是愛心是無價的。有了愛心，我們就有了一切。」雖然孩子因為年齡太小，還不太懂這番話的含義，但是他感受到一種很特別的滿足，而且這種滿足是他從來沒有過的。這時，家長可以藉機告訴孩子：有些事情是金錢無法衡量和購買的，像是朋友、信任、尊重等，世界上有很多比金錢更重要的東西。這些超越金錢表面意義的教育，孩子可能暫時還不懂，但是他一定會記住，並在幼小的心靈中留下深刻的印象。

在孩子的世界裡，「金錢」不應該成為可怕的字眼。在經濟蓬勃發展的社會，讓孩子早點接觸、認識金錢、建立正確的金錢觀是十分必要的。缺乏及時、正確的金錢教育，會導致孩子不會有技巧的花錢，不知道勤儉節省，不懂得珍惜父母的辛苦工作，不利於孩子形成良好品德。而且孩子長大後，也會不善於理財。

專家建議：平常多進行認識錢的訓練

家長可以在平時把各種大小不同、面額不等的錢幣擺在孩子面前，逐一告訴他，這是多少錢，那是多少錢？上面的圖案是什麼？是什麼時候製造出來的？有什麼特別的原因或故事？講解完後，可以挑幾種錢幣，看看小孩子是否記得它們各自的價值。

教孩子認識硬幣與紙幣

學會如何聰明地花錢。

——卡內基（Dale Carnegie）

你的孩子現在幾歲了？他有錢的概念嗎？如果你的孩子在五歲的時候還沒有錢的概念，你就應該利用一切機會教他了。

培養孩子「數」的概念，五歲是關鍵年齡，五歲半到六歲是兒童思維發展的快速進步期，這期間，大腦的發育處在從具體形象思維向抽象邏輯思維的過渡期，這段時間多讓孩子接觸生活中的數字，有助於幼兒理解數、數字、數值、數的組成與分解等方面的概念。

放學回來，慧慧告訴媽媽，今天有一項作業是讓家長教孩子認識錢幣。經女兒一說，媽媽才驚覺孩子對於錢幣的認知還很不足。認識錢幣是日後善於使用的基礎，於是，媽媽與慧慧玩起了有趣的「認識錢幣」遊戲。

第一步——初步認識

首先，媽媽從家裡翻出了兩本不同年分、銀行發行的《錢幣收藏冊》，和慧慧一頁頁地觀看不同年代、國家、風格的各種錢幣。慧慧雖然還不能從風格迥異的錢幣中看出各國的文化風俗，但起碼對錢幣有了更進一步的認識。從臺幣的人物變化上，還知道了一些偉人和他們的故事。看得差不多了，媽媽就把錢幣冊合上，問慧慧不同錢幣的特徵。像是不同紙幣上的圖案都是什麼？紙幣上的防偽浮水印是什麼圖案？

第二步——交換錢幣

對錢幣有了初步的認識後，媽媽從錢包裡抽出一大堆紙幣，又從慧慧的存錢筒裡倒出一大堆硬幣，與她玩起了換錢幣的遊戲。媽媽將紙幣給自己，將硬幣交給慧慧，然後用紙幣與慧慧兌換硬幣。像是：用一百元的紙幣分別兌換成同樣面額的十塊錢或五十塊硬幣；再用這些紙幣兌換不是同樣面額的硬幣，像是一百元紙幣可以換成三個十元硬幣、一個五十元硬幣、十個一元硬幣、兩個五元硬幣，這個過程可以鍛鍊孩子的加減計算能力。

第三步——模擬演練

媽媽將慧慧的玩具當成了待售商品，一一估價，分成兩堆，與慧慧買賣。像是慧慧的小熊估價七十四元，媽媽拿出一百元，讓她找零；而她的玩具手槍估價一百三十元，媽媽出一百五十元，繼續讓慧慧計算找零。在這些練習中，慧慧對錢幣的運用更加熟練了。

第四步——實戰演習

以上三步的最終目的，還是為慧慧最後的實戰鋪墊。在結束上述遊戲後，媽媽提議到樓下超市買點東西，由慧慧付錢。兩人來到超市，媽媽先拿了袋衛生紙，又拿了包糖果，慧慧也拿了一本圖畫書。結帳的時候，媽媽將錢交到了慧慧手裡，讓她轉交。在店員尚未找回零錢時，媽媽問慧慧該找多少錢。慧慧稍加計算，說出了一個數字，媽媽笑了，對她說：「現在讓我們看看找回的錢對不對？」慧慧接過錢，很認真地數了數，抬起頭對媽媽說：「對！」

就這樣，在輕鬆愉快的錢幣遊戲中，慧慧對貨幣的樣式、功能和使用方法有了初步的認識，為將來進入社會、學會生活打下了一個重要的基礎。

如果你的孩子已經三、四歲，但仍然只把錢幣當成玩具的話，那麼，請你趕快行動吧！

專家建議：讓孩子學會數錢

對學齡前的孩子來說，即使會數數了，也未必懂得數錢，因為那只是抽象的聲音或文字，必須讓孩子實際感受數字的多與少到底有什麼不同，才能建立金錢觀。

例如點心對孩子具有相當大的吸引力，可以每天為孩子安排點心時間，透過點心來對孩子進行數字觀念教學，父母可以準備孩子喜歡的可愛造型小餅乾，例如飛機、兔子、星星甚至是數字造型，以便引起孩子的注意，當發給孩子餅乾後，先讓孩子算清楚有多少塊餅乾，很快的，孩子便會清楚地感受到，十個餅乾比五個多，也可以吃得比較久，如此對數字的概念就更具體了。

錢是從哪來的

只要還沒有印鈔機，你就是印鈔機，不管賺多賺少都一樣。

——博多．沙弗（Bodo Schäfer）

一些心理學家曾對一百名三到八歲的兒童進行調查，詢問他們的錢是從哪裡來的。得到的最多答案是「錢是從爸爸的口袋裡掏出來的」；其次是「錢是銀行給的」；再次是「錢是收銀員給的」；只有兩成的孩子說「錢是工作賺來的」。

你聽到這樣的說法之後千萬不可一笑了之，幫助孩子明白錢是從哪裡來的，是對孩子進行理財教育的關鍵。

一位已經當媽媽的朋友和我說過一件事：

有一次，我帶五歲的女兒去購物，她看上了一個漂亮而且價格不低的書包，非買不可。我告訴她這次帶的錢不夠，下次再買。沒想到她卻說，可以用卡片呀，可以到那個「電腦」前去拿錢呀（孩子還叫不出 ATM）。因為她之前常常看到我拿信用卡結帳，也看過我用 ATM 領錢，所以就以為卡可以變出錢來。

大多數五六歲的孩子並不知道家裡的積蓄是有限的，錢是爸爸媽媽辛苦工作賺來的。

兒童心理學家認為這個年齡層是對孩子灌輸金錢觀的最佳時機。當家長的，特別是那些「富爸爸」們，千萬別忘了對孩子進行理財教學，既要教他們如何花錢，更要教他們怎樣賺錢，千頭萬緒，不妨就從告訴孩子「錢是從哪裡來的」這個最基本的話題開始。

一位勤儉的媽媽這樣教育她的孩子：

「要知道，錢是賺來的，不是別人給的。我見過不少人，他們認為自己工作的公司欠他們一份工作，而不是認為自己有盡力做好工作的義務。」

「在我們家，大人期望孩子作為家庭的一分子，幫忙做日常的家事。日常家事之外，有些難度適中，非常規的家事，配上一定的報酬，讓孩子們可以從這些家事賺錢。報酬的標準，要參照去外面請人來做這些工作的薪水來訂定。」

教孩子明白「錢是工作賺來的」的機會有很多，當你帶著你的小寶貝上街的時候，會看到很多正在工作的人：馬路上的交通警察、清潔工、停車場的管理員、超市裡的收銀員甚至麥當勞裡幫他點餐的阿姨等，你可以告訴他，這些人都是在工作，因此才能賺到錢，不工作的人是沒有錢的，他長大了以後也要自己工作賺錢。當他對其他富裕家庭中的小朋友生活表示羨慕時，你可以告訴孩子，不同的工作會有不同的收益，而工作的機會對每一個人都不一樣。要讓孩子明白，只有勤奮的人才有機會有好的工作，並得到相應的報酬。

讓孩子從小就懂得「一分耕耘，一分收穫」的道理，對於他們將來認認真真地讀書和工作有益無害。

專家建議：讓孩子知道金錢的來源

平時可以問問孩子：「錢是從哪來的？」孩子們可能會這樣回答：「賺來的」、「要來的」、「奶奶給的」等等。當我們問孩子錢是怎麼賺來的時候，多數孩子並不能真正理解這當中付出的汗水，因為他們沒有賺錢的經驗。身為父母，應運用自己的智慧，讓孩子正確認識金錢，珍惜並尊重大人為此付出的汗水，從小養成節省的好習慣。

學會珍惜每一分錢

永遠不要講「不在乎這點錢」。現在，每一個馬克都是重要的。

——博多．沙弗（Bodo Schäfer）

人們現在越來越不看重一塊錢了，但一塊錢的意義遠遠超過它的價值，你要讓孩子知道，每一塊錢都是值得珍惜的。

可以對孩子講講兩位富豪的小故事：

何東是十九世紀香港著名的企業家，但他對每一分錢都很認真。有一次，他下車時不慎將口袋裡的一塊錢掉在地上，那枚硬幣滾進了草叢。何東便停下腳步蹲下身來仔細在草叢中尋找，找了半天，就是找不到那枚硬幣。

他始終都沒放棄尋找，他找了很久。有一位侍從實在看不下去，她偷偷扔了一枚硬幣在草叢中，何東終於找到了，他高興極了。

後來，有人問起此事，何東說：「錢都應該有所值，而不應該浪費，對於金錢的意義，一塊錢與一萬或者一百萬應該同等重要。

香港富豪李嘉誠對錢也是非常珍惜的：

有一次，李嘉誠把一塊錢不慎掉到了水溝裡，保全幫他找到並交還給他。李嘉誠收下那一塊錢，從皮夾中抽出一百元獎勵了保全

對李嘉誠的做法，眾人當然感到非常好奇。李嘉誠說：「我給保全一百元，並沒有浪費，而是繼續進入流通；而那一塊錢如果不撿起來就浪費了。」

很多時候，富人們常給人一種越有錢越吝嗇的印象，但實際上，不論是何東還是李嘉誠，他們對錢從不小氣，捐錢給慈善機構都一擲千金。他們的這些生活細節，恰恰是一種

成熟而理性的金錢觀的具體表現。這就是：每一分錢都應該物有所值，每一分錢都是他們的一名戰將，都有自己的位置。而我們這些普通的人卻很少會去考慮一分錢對我們的意義。

不要讓你的孩子忽視一枚小小的硬幣，至少在他剛接觸錢的時候，要讓他有正確的觀念：每一分錢都很重要，都不能輕視。

專家建議：讓孩子從小建立尺度——什麼東西該買或不該買

家長從小要教育孩子應該珍惜每一分錢，該花就花，不該花的一分也不能浪費。什麼樣的東西該買，什麼樣的東西不該買，讓孩子從小就有心中的一把尺。像是對身體有害的零食不買，沒用的東西不買等等。

每一分錢都得來不易

讓你的孩子也參與家庭的經濟事務，讓他知道賺一分錢有多艱難。

當孩子知道錢是什麼的時候，也只是停留在表面上，因為他還不明白錢得來不易。這就需要你的及時教育和引導。

在美國，「帶子女上班日」已經實行多年。每年四月二十三日，許多企業都事先準備好這項活動的負責人員、設施等。到了這天，許多企業辦公室到處可見活潑快樂的小朋友，整個辦公室充滿了歡樂的氣氛。這一天，兒童們可以享受到免費早餐、午餐的招待，參與專門為他們辦理的活動，除了了解家長一天裡究竟忙些什麼以外，還參加企業的業務活動，增長知識與見聞。

美國的政府機構也不例外，甚至總統這天也會特別去國會提出有關兒童問題的提案。幾年來，有越來越多的美國企業參加這一活動。透過這項活動讓孩子看見：父母上班工作，下班除了操勞家事之外還要照顧他們，的確不容易。

雖然其他地方的企業沒有實行這一制度，但你可以試著採取其他行動來讓孩子理解和體諒父母賺錢的不易。

薛小姐為了訓練女兒可可做家事的能力，特地將週末定為「寶貝工作日」。在這兩天裡，可可幫助父母做家事時可以獲得報酬，並且訂定了標準，報酬以五塊錢為單位；另外她還聽從了專家的建議：安排給孩子的「工作」應該適當，難易適中，不能過難，也不能過易。週一到週五，可可做家事是「義務工作」，因為這時父母正在為全家的生活工作賺錢。「讓孩子體會一下工作的辛苦和賺錢的不易，對孩子是很正面的學習。」薛小姐深有感觸地說。

一位兒童教育專家說，孩子在學會「賺錢」之前，通常都是先學會「花錢」的，因此在開始有花錢的行為之前，你必須先讓孩子學習金錢的價值，了解錢的得來不易——

1．讓孩子了解你賺錢的方式

如果有機會，可以帶孩子到你工作的地方，讓他體驗一下賺錢的辛苦。假如你有一家自己的小店，應該讓孩子在店鋪裡待上幾天，讓他看看賣出一件商品是多麼不容易的事情，讓他知道金錢得來不易。

2．讓孩子利用假期打零工

只有經過工作，孩子才能真正體會到父母養家的辛苦。同時讓他知道，獲得金錢的合法途徑就是工作。

3．讓孩子學記帳

讓孩子學會記帳，是要他明白家裡的開銷和支出情況。孩子若能長久堅持，長大後會變得細心而有條理。

4．教孩子把零錢裝進存錢筒

當孩子開始有零用錢時，引導孩子把零錢放進存錢筒裡，並養成習慣。久而久之，當孩子發現存錢筒裡有一筆金額不少的錢時，會覺得很驚喜。這時你告訴他，這筆存款可以幫他實現一個大心願，這樣更容易幫他建立儲蓄抗風險的理財觀念。

5．和孩子一起籌備消費計畫

假設家裡要過一個重要的節日，可以試著和孩子一起商量怎麼在有限的時間內安排，哪些東西是必須買的，哪些東西是次要的，該花多少錢，怎麼購買。並讓他自己設計一張預算表，從中引導他如何規範花錢的方向及適度使用錢財。

假日時，你還可以帶孩子一起去購物，增進孩子經濟生活的知識，養成正確消費行為。適時給予孩子「錢不是萬能，但沒有錢萬萬不能」的觀念。最重要的是給予孩子正確的物我觀念。

專家建議：加強孩子用錢的限制和監督

許多父母給孩子錢都不求回報，予取予求，甚至不顧財力是否允許。有些父母因為理財概念不佳，對子女用錢沒有嚴格限制，只會給錢，沒有對孩子的監督。這樣的結果就是放縱孩子們，使他們成為沒有責任心、只知索取不知回報的人。要讓孩子知道每一分錢都得來不易，要他們做個懂事的孩子，不要幫孩子做完所有事情。

錢能做什麼呢

人是先會用錢才會賺錢的，所以有必要先教會人們如何用錢。

——李嘉誠

很多關於金錢的俗語，像是「君子喻於義，小人喻於利」、「君子不言利」等，似乎一談「錢」，整個人都沾上了銅臭味，庸俗不堪。然而隨著社會發展，全球化已經勢不可擋，現代家長對兒童與金錢的看法也有所變化。目前，多數家長都認為「對兒童進行理財教育」是必要的。對於理財教育，最重要的一項是要讓你的孩子知道錢能做什麼。

魏小姐分享自己的經驗：

「從孩子上幼稚園開始，我就開始讓她認識硬幣和紙幣。去超市購物時，我會帶著她一起去，讓她知道錢是用來幹嘛的。像是在我用一枚五十元的硬幣買一支雪糕的時候，會故意讓她看到。等到下次我們再一起去時，我會拿出三枚十元的硬幣，然後買一瓶飲料，當然，我也會故意讓她知道我花了多少錢。同時我試著讓她學著看標籤價格。買玩具或者文具的時候，也盡量讓她和我一起去。慢慢地她就知道漂亮的芭比娃娃、彩色的畫筆等都是拿錢換回來的。」

魏小姐的經驗說明了要用不同的方法讓孩子知道，錢可以用來交換自己所需要的生活用品。

除了讓孩子知道錢能夠購買自己想要的東西，也最好讓他從小就明白，錢也可以幫助別人。像是你可以告訴孩子，在世界上，有很多地方的小朋友沒辦法上學，因為他們沒有錢，買不了書，更沒有玩具玩。當你的「小豬」存錢筒存夠五十個十元硬幣時，就能幫那些小朋友去讀書，讓他們坐在教室裡，和你一樣學寫字、唱歌、畫畫。這樣既可以培養孩子的愛心，又可以讓他知道錢的用途在哪。

可以試著為孩子準備可愛的存錢筒，培養孩子們的儲蓄概念，為了讓孩子養成「大錢」、「小錢」的具體觀念，不妨給孩子準備兩個存錢筒，讓他學會辨別錢的大小、面額和用途。可以為孩子準備一個「小豬」存錢筒，用來投放一元、五元的硬幣，累積到一定金額時，就讓孩子把它們取出來，跟父母換成十元、五十元的硬幣，然後放到「小兔」存錢筒裡。告訴孩子，累積了多少個十元、五十元硬幣後，就可以給自己買玩具。

以這種方式，引導孩子刻意將零用錢的一部分拿去「餵小豬」，再鼓勵孩子用儲蓄得到的錢去做更大、更有意義的事情。這樣，孩子一方面會覺得「餵小豬」的方式十分有意思，另一方面還可以享受累積帶來的成就感和滿足感，自然而然就養成儲蓄的好習慣。

專家建議：幫助孩子建立正確的金錢觀念

家長們千萬要記住，對孩子從小進行理財教育，目的在於培養孩子一定的理財觀念和能力，但絕不是讓孩子變為金錢的奴隸，千萬別讓孩子形成「金錢至上」的意識。我們的目的是要讓孩子懂得「錢」很重要，錢能「美化」生活，但別讓孩子以為人生最重要的就是錢，因為金錢只是一種生活的工具，而不是人們生活的最終目標。

買東西大有學問

除了必須想辦法買到價廉物美的東西之外，還要注意所買東西的品質，這與個人趣味很有關係，但也與個人智慧有關。

——李嘉誠

心愛的玩具、漂亮的衣服、精美的圖書等等，都是用錢買來的，在寶貝了解金錢的基本用途後，作為家長，你就該逐步教孩子如何買東西了。買東西可不僅僅是「一手交錢，一手交貨」那麼簡單，裡面可是有大學問呢！

現在的商品琳琅滿目，要想買到稱心如意、物美價廉的東西，還真的需要花一番心力，對於孩子們來說，就更不容易了，所以才要趁早告訴孩子買東西的學問，讓他對金錢觀念更深，並建立正確的理財觀念。

俗話說：萬事起頭難。讓年幼的孩子獨自買東西，勢必會遇到各式各樣的問題，接著我們來看看十歲的女孩淩子第一次買東西的經歷：

淩子第一次自己買東西，是在小學一年級的時候。那天，她們班舉辦校外教學，爸媽替她準備了一些吃的東西，還順便給了她五十塊零用錢。下午，她興致勃勃地回到家，意猶未盡，嘰嘰喳喳跟媽媽講了整個校外教學的過程。當媽媽問她五十塊錢是不是也花掉了的時候，淩子開心地從書包裡拿出了三張明信片，說是在參觀一個地方的時候，導遊姐姐介紹她們買的，五塊錢一張，她買了三張。媽媽問她剩下的三十五塊錢花在那裡了，淩子說：「買明信片的時候，那個人說是不找錢的，我只有一個五十元，只好把錢全都給了他。」媽媽一聽明白了，淩子遇上了騙子。

後來，媽媽告訴淩子，買東西有很多學問，首先要看價格是否合理，第二要把錢算清楚，錢不能少給，更不能多給，該找給自己的錢一定要取回。為了讓淩子記住這次買東西受騙的教訓，媽媽讓她把這三張明信片壓在了書桌的玻璃板下面，要她在欣賞明信片的同時，記住不可再犯同樣的錯誤。

現在，在媽媽的引導幫助下，凌子已經學會買東西了，買之前，她會仔細詢問價格，能殺價的時候還會殺價。當然，找錢的事再也沒忘記過。

「自從孩子參加了幼稚園的小鬼當家活動後，就對去超市購物產生了濃厚的興趣。我決定一次只給她五十塊錢，這樣她會購買自己最想要的東西，而不是想要什麼就買什麼。剛開始，女兒總是算不好錢，所以一次只買一樣物品，把那些沒花完的錢放到存錢筒裡。經過一段時間，她都能直接心算了，也不會出什麼差錯。她也越來越得意自己總能把錢用在恰當的地方。另外，她還漸漸明白，物品之所以價格有高有低，是由它們的品質、尺寸、品牌等各種相異條件決定的。」

購物是一件很享受的事情，但絕不是隨心所欲漫無目的地胡亂採購。無論什麼時候，購物都要遵守「合理購物」的原則。

合理購物的原則有三：

第一輪購物：在得出同種商品在價格相近時，應優先購買品質好的。

第二輪購物：在得出在品質相近時，應優先購買價格低的。

第三輪購物：在得出在價格、品質都相近時，應優先購買售後服務好的。

當然，什麼能力都不是一蹴可就的，買東西的技巧需要帶著孩子在日常生活中不斷摸索實踐。隨著年齡增長，孩子們對如何購物會有更加深刻的理解。

專家建議：培養孩子正確的消費觀

幼兒時期的消費習慣對於他們未來擁有什麼樣的消費觀有直接關係。作為家長，你該如何做呢？專家認為：

一、**有效控制孩子的消費比例**。

為孩子制定合理的消費計畫，像是在假期中，讓孩子在吃、穿、玩方面的消費控制在三成以下，將其餘的錢花在孩子的課業及其他有意義的事情上。

二、**讓孩子懂得錢的得來不易**。

1 可以向孩子分享自己工作賺錢的不易，教育孩子珍惜家長的汗水換來的報酬。

2 可以讓孩子自己親身體驗錢不是天上掉下來的，從小培養孩子自食其力、勤儉節省的良好習慣。

三、**以身作則，為孩子建立好榜樣**。

家長是孩子的終身導師，家長的一舉一動都會讓孩子留下不可磨滅的印象，所以，家長要以身作則，時時注意自己的一言一行，教孩子學會怎樣花錢，養成正確的消費觀。

教孩子正確對待金錢

如果你懂得使用，金錢是一個好奴隸，如果你不懂得使用，它就變成你的主人。

——馬克．吐溫（Mark Twain）

讓孩子了解錢能做什麼，僅僅是金錢觀教育的一部分，更重要的是讓孩子了解金錢的局限。孩子單純的天性會使他們在接觸金錢之初，非常天真地替所有東西「明碼標價」，這時，你必須告訴孩子，在世界上有些東西是無法用金錢衡量的，像是：

「你是爸爸媽媽的孩子，是多少錢也換不來的。」

「外婆留給媽媽的小盒子，在別人眼中可能一文不值，但對媽媽來說，這個小盒子是非常珍貴的，任何東西都無法替代它，每次看到它，媽媽就會想起小時候和外婆一起度過的快樂時光……」

除了這些，你還可以告訴孩子，有的時候，為了某些更珍貴的東西，我們必須學會放棄金錢。像是週末的時候，爸爸如果去工作，就會賺到一筆豐厚的加班費，可是爸爸心甘情願放棄這樣的機會，和家人在一起，玩遊戲或者外出度假，美好的假期因為有了爸爸的參與而有了更多的歡笑。讓孩子知道，一家人在一起的快樂時光遠比金錢更加重要。

當孩子問你「媽媽，妳能賺多少錢？」時，你的回答可以不提及詳細薪資金額，因為不論你說怎樣的數字，對於孩子來說都是一個天文數字，他們難免會以為你超級有錢。簡單地告訴他，媽媽賺的錢足夠養活你並能買到你需要的東西，就可以了。

有的孩子還會問：「媽媽，我們家很有錢嗎？（或者：我們家很窮嗎？）」無論實際上你有多有錢，都只要告訴孩子我們家的情況差不多是「中等」，並稍加解釋：「我們有足夠的錢買食物、衣服和我們需要的東西。」美國兒童財經教育學家曾這樣告誡父母們——即使你家產豐厚，也不必讓孩子以為他們可以想要什麼就有什麼，或以此向左鄰右舍吹噓。

在孩子抱怨自己沒有高級玩具、沒有更多零用錢的時候，你要坦然地告訴他，別人有的東西你不可能都有，因為你也有別人沒有的東西。有的東西太貴，我們買不起；有的東西我們不買，是因為想把錢花在更重要的地方；這個月你只能買一個玩具，因為這是我們家的規矩……這些問題，有利於培養、磨練孩子的心性，讓他建立正確的金錢觀。

孩子會明白，金錢不是衡量一個人的唯一標準。除了金錢之外，品行、興趣、性格、長處等等很多標準，都可以看一個人是否是有價值。

專家建議：家長要學會對孩子說「不」

幾乎每個家長都會遇到這樣的問題，帶孩子購物時，如果不幫孩子買他想要的東西，他就會生氣耍賴，甚至哭哭啼啼。為避免此類事情發生，家長在出門之前最好和孩子講好「條件」：只買一樣東西。這樣，孩子就會在整個購物過程中仔細考慮他想要的東西，而不是見什麼要什麼。對於孩子提出的過分要求，即使你買得起，也應該對孩子說「不」。慢慢地，孩子就會知道，不是他們想要什麼就有什麼。對未成年的孩子而言，養成正當、合理、有品味的消費觀是極其重要的，而不是急於拿父母的錢去揮霍。

認一認商品的價格標籤

商人必須顧及品質保證，以及維護消費者的利益。

——李嘉誠

假如寶貝對如何買東西已經有了初步的認識，在你帶他逛百貨公司或超市的時候，可以試著讓他學習認識商品的價格標籤。

通常價格標籤上所標識的價格都是以「元」為單位的。這對你來說是很平常的事情，可是對於三、四歲的小孩來說，並不是那麼容易理解。我們平時在講一件東西的價格時，常常都說「買這本書需要五十塊錢」或「橘子一斤二十元」等等，在孩子學會了貨幣單位的換算之後，你就應該帶他去看看真正的價格標籤，讓他了解正式的價格單位表示方法，並讓他和自己的錢做比較，學會判定自己有無購買能力。

在逛超市時，我給了彤彤一百塊錢，並且告訴她今天媽媽只帶了十元，然後讓她自己去買喜歡的東西。彤彤走到絨毛玩具區，拿了一個標價三百多元的玩具熊，我讓她自己去結帳，結果可想而知。收銀員阿姨微笑著告訴她：「孩子，妳的錢太少了，沒有辦法買玩具熊。」彤彤只好掃興地把小熊放回原處。之後我告訴她，買東西之前，要先看一下商品的標價，如果妳的錢不夠結帳，阿姨怎麼會賣給妳呢？彤彤點了點頭，開始尋找她買得起的東西。沒多久，她發現了最喜歡吃的果凍，這次，彤彤仔細地看了看標籤，然後拿了一袋果凍去結帳。這次彤彤不僅買到了果凍，而且阿姨還找了她二十塊錢，彤彤開心地將找回來的錢放在自己的口袋裡，說回家要去「餵小豬」。

當然，在不同的店家裡，價格標籤也不盡相同。有詳細的，有簡單的，還有的竟然將價格標籤放錯地方，使它和商品對不上，這就為我們的購物帶來麻煩。所以在買東西時，一定要告訴孩子將價格標籤看清楚。

專家建議：刻意鍛鍊孩子看價格標籤的能力

1　帶孩子逛商店時，刻意讓孩子注意各式各樣的商品價格標籤。

2　讓孩子透過比較，找出那些放錯地方的價格標籤。

金錢本身沒有罪過

金錢並不像平常所說的那樣，是一切邪惡的根源，唯有對金錢過分的、自私的、貪婪的追求，才是一切邪惡的根源。

——納撒尼爾．霍桑（Nathaniel Hawthorne）

一談到金錢，很多人總會露出不屑的神情，凸顯自己視金錢如糞土，即使內心對金錢的追求無比狂熱。很久以來，「金錢是萬惡之源」的觀念深入人心，其實，金錢沒有作惡多端，作惡多端的是那些沒有正確金錢觀念的人。人要活著，要追求高品質的生活，金錢是必不可少的。俗話說：「金錢不是萬能的，但沒有錢萬萬不能。」此話不無道理。

不久前美國對購買樂透中大獎的人展開一項調查，結果發現大部分人的生活都不如意。有些人選擇離婚，並且為了鉅額的贍養費與曾經恩愛的另一半對簿公堂；有些人因為盲目投資和過度揮霍，在短時間內耗盡家財。很多人都認為金錢並非幸福的全部，而是不幸的根源。事實上，這是對金錢的誤解。

金錢本身沒有罪過，關鍵是看由誰來支配。由一個智者來支配金錢，它就能帶來幸福；相反，由愚蠢的人得到財富，只會創造種種不幸。同樣一筆鉅額財富，經過自身努力而得到金錢的人，不但可以改善家庭關係，而且能讓生活更加美滿幸福；而那些財多生災的人，大都是些不勞而獲者。白手起家的百萬富翁們為什麼不會因為金錢而感到不幸呢？因為在累積財富的過程中，他們不僅學會了如何賺錢，而且學會了如何花錢。他們不僅是金錢的主人，而且對金錢的脾氣個性瞭若指掌，懂得如何獲取金錢，如何利用金錢來獲得幸福。

「媽媽，這個週末妳不要加班了，帶我去遊樂園好不好？」琳琳搖著媽媽的手，可憐兮兮地說道。

「寶貝，媽媽得去賺錢呀，賺了錢才能買玩具和冰淇淋給妳，才能帶妳四處玩！」媽媽又一次推開了女兒拉著她衣角的小手。

「媽媽因為一個叫錢的東西而不愛我了。」不知不覺中，琳琳對錢產生了厭惡感。錢開始在四歲的琳琳心中播下既愛又恨、既需要又妒嫉的種子。

很多孩子都有類似琳琳的遭遇，他們希望週末的時候可以和爸爸媽媽在一起，但總被爸媽以各種理由拒絕，時間一久，孩子們就認為長大成人和工作賺錢是件可怕而痛苦的事情。

面對這樣的問題，父母該怎麼做呢？如果你能將工作中的成功、挫折和經驗記錄下來，編成一個個生動有趣的故事講給孩子聽，不僅可以補償與孩子分離的時光，還可以讓孩子了解你的生活。如果將有益的價值觀融入故事中，用孩子能夠理解的方式告訴他，將更有助於他養成健康的價值觀念，「賺錢」也就成了一件很自然的事情。

還有一些人認為，金錢會讓人日漸失去理性，利慾薰心。試問：金錢只能與貪婪聯繫在一起嗎？答案當然是否定的。金錢只是一種使自己和別人的生活變得更加美好的工具而已。但是，現在的父母有很足夠的理由擔心：在這樣充斥著信用卡、商店和電子遊戲的世界中，他們的孩子可能沒辦法領悟這樣高尚的價值觀。針對這種擔心，一位有經驗的母親談了一些她自己的體會：「從小對孩子進行錢的教育，讓他們知道對金錢不能貪、不能怕、更不能成為它的奴隸，應該合理地使用它。」

專家建議：教孩子有正確的金錢認知

讓孩子對金錢有正確的認知，能夠避免他們貪婪追求金錢，能夠讓他們在談論金錢時猶如談論一首流行歌曲、一本暢銷漫畫一樣自如，而不是「談錢色變」。想讓孩子有正確的金錢認知，可以這樣做：

1 告訴孩子金錢得來不易，每一分錢都需要透過工作來獲得。

2 告訴孩子金錢不是萬能的，這個世界上有很多金錢買不到的東西，像是親情、朋友、生命等等。

3 告訴孩子花錢要有節制，理性消費才能更合理地利用金錢。

4 告訴孩子「君子愛財，取之有道」，違法追求金錢只能走向罪惡的深淵。

5 告訴孩子多餘的錢可以幫助別人，讓金錢化為愛心，溫暖每一個需要溫暖的人。

不要過分吝嗇

一個年輕時只顧自己的人，將會變成一個非常吝嗇的人，老來便是一個無可救藥的守財奴。

一個慈善單位的募款專員請一位富商捐款：「您是位富翁，這個世界需要您的幫助。」

「你不了解我的內情，」富翁說，「我九十一歲的老母親已在醫院裡住了五年；女兒寡居無助，還要養育五個幼兒；兩個兄弟又欠了政府一大筆稅款。」

募捐者一聽，連連道歉說：「抱歉，我不知道您有這麼多負擔。」

「不！」富翁說，「我只是想告訴你，我一分錢都不給他們，又怎麼會給你們呢！」

這個故事裡的富翁簡直吝嗇到了極點！在金錢面前，世界上最珍貴的親情都顯得微不足道。節儉過頭就成了「吝嗇」，這並不是好的個性，要避免孩子的「吝嗇」行為，是幼兒理財教育的重要內容。

首先，我們來看一下「吝嗇」兒童都有哪些表現。

有兒童心理學家研究指出，「吝嗇」的兒童，除了具有「食物不願意給別人吃」、「玩具、讀書用品不願借別人用」等最直接的特點外，還具有以下主要特徵：

1 自私自利。

2 思想保守，缺乏同情心。

3 做事斤斤計較，愛講條件。

4 自我犧牲與奉獻精神較差。

5 適應能力較差；心胸狹窄，嫉妒心強。

6 做事猶豫、多疑，不果斷。

孩子為什麼會養成「吝嗇」的性格呢？究其原因，主要有以下幾種：

1 孩子周圍環境的「吝嗇」行為與不良教育的影響。

2 父母及家人過於溺愛孩子，使孩子養成「獨食」、「獨玩」等習慣。

3 孩子與別的小孩缺乏交流，沒有機會體驗到與人分享的快樂。

4 家庭經濟狀況不佳，孩子的要求不易滿足。

那麼，如何使孩子脫離「吝嗇」的壞習慣，培養孩子慷慨待人的品格呢？

1 父母要為孩子建立良好的榜樣。

父母的行為對孩子有著最直接、持久的影響，為孩子建立學習與模仿的榜樣，是父母的首要任務。日常生活中，父母首先要做到慷慨待人。像是把東西借給鄰居使用，能主動把好吃的食品拿出來讓別人一起吃等等。

2 在熟悉的人群中尋找慷慨的榜樣。

孩子的周圍不乏慷慨之人，建議孩子多與這種人交流。在長期的互動過程中，孩子會無意識地學著榜樣的樣子慷慨待人。

3 利用藝術作品中的慷慨形象教育孩子。

在電影、電視、童話、寓言等各種藝術作品中，存在著大量的「慷慨形象」，將這些人物的慷慨行為與孩子一起分享、討論，讓孩子逐漸產生慷慨待人的意識，為形成慷慨品格奠定良好基礎。

4　為孩子提供慷慨待人的機會。

在日常生活中，有很多機會利於培養孩子慷慨的品格。如：讓孩子親自把買回來的糖果分給家庭成員，與家人分享；玩耍時，引導孩子把玩具分一些給小朋友玩，或者相互交換玩具進行玩耍，在交換的過程中，孩子會逐漸明白禮尚往來的必要以及相互幫助的重要性。這對慷慨品格的養成有著非常重要的意義。

需要注意的是，在孩子出現慷慨行為時，應該立刻稱讚鼓勵，使孩子在付出的同時得到被肯定的愉悅心靈體驗，促進孩子慷慨行為進一步發展。

生活中，常常會遇到一些需要幫助的人。這時，你應鼓勵孩子解囊相助，這也是杜絕孩子養成吝嗇性格的有效措施。像是把自己的玩具或食物送給貧困家庭的孩子，把自己的壓歲錢捐給受災的地區，也可以讓孩子幫助困難者做一些力所能及的事情以減輕其負擔。在知道助人的樂趣之後，孩子就能學會去付出、去追求，最後成為慷慨待人的個性。

專家建議：與人分享很難自發，需要教學。

1　幫助孩子了解合作的重要。

讓孩子看到一起玩耍和分擔任務的好處，或者告訴孩子們，他們可以得到一份好吃的東西，但必須大家分享。

2 **告訴孩子必須分享。**

很多孩子都喜歡玩別人的玩具，但是不願意與其他小朋友分享自己的玩具。如果你的孩子也有這種情況，你在客人到來之前，先讓孩子挑選一些他願意讓別人玩的玩具，並且告訴他不要擔心玩具被弄壞。當他無條件地與別人分享時，他能感到自己對這些玩具仍有控制力，它們還是屬於他的。

3 **不要期望太多。**

雖然孩子能夠學會分享，但「分享」對孩子來說仍是個很難理解的觀念。在要求孩子把玩具拿出來讓別人玩時，一定要讓他有足夠的時間玩自己的玩具，強調孩子對玩具的所有權，會使他感到「分享」是在他控制之下，更能夠安心。

第2章　讓孩子明白勞力能換來金錢

父母應該鼓勵孩子利用假日當志工或是出去打工，體會工作的艱辛和父母賺錢不易。

勞力與財商教育

你應該存錢，但你要明白，富有不是存出來的，是賺出來的。要從實踐中學會做事。

一個人在付出了努力後，那些曾經揮灑的汗水會讓他得到加倍的幸福。而盲目追求金錢，卻容易使人淪為一個有錢的「乞丐」。你不相信？請看下面則寓言，看看勤勞的螞蟻和懶惰的蟋蟀如何詮釋工作的意義。

秋天是個美麗的季節，風景迷人。但勤勞的螞蟻們並沒有心思去遊玩，它們正在努力儲藏過冬的糧食。

兩隻大螞蟻用碩大的「鋸子」，把一個碩大的馬鈴薯一塊一塊均勻地鋸下來，許多小螞蟻扛的扛，搬的搬，拉的拉，推的推……看啊，連螞蟻皇后也親自動手拉蘋果，拉一下就必須要休息一下，還真吃力呢。

這時，蟋蟀先生帶著一個沉甸甸的錢包，一下跳到這朵花上，一下跳到那朵花上，嘗嘗這朵花的蜜，吸一口那朵花的汁。

螞蟻皇后拖著小車從下面經過。

「哎呀呀……皇后也親自動手，了不起！」蟋蟀假意稱讚道。

「蟋蟀先生，冬天就要來臨了，你怎麼不去儲藏食物呢？」皇后問道。

「我有錢！」蟋蟀拍拍鼓鼓的錢包，「俗話說得好，有錢能使鬼推磨！」

皇后搖搖頭，走了。

冬天到了，冰雪覆蓋了整個大地。蟋蟀帶著他那個錢包，走了一家又一家，誰都不願把食物賣給他。

蟋蟀來到螞蟻的家門口，看到裡面是一片歡樂的景象——螞蟻們乾杯……喝花蜜……

蟋蟀迫不及待敲了幾下門，螞蟻們都不理他。皇后說：「只有勤勞者才能和我們螞蟻家族一起生活，我們不需要金錢的崇拜者！」

蟋蟀聽了後，羞愧地走了，走到茫茫的雪地上。後來，他與那個鼓鼓的錢包一起消失得無影無蹤。

大部分父母覺得孩子只要成績好，其他事情都可以商量，孩子的一切花費全由父母代為處理，導致孩子對金錢的概念幾乎為零，只知道消費，不知道如何才能換來金錢。現在依然有很多父母從未告訴孩子工作的重要性，導致孩子養成好逸惡勞的壞習慣，對於賺錢的辛苦無法理解。理財能力低下而又不勤勞不工作的孩子，就像那隻懶惰的蟋蟀，在現代社會中難以立足。

美國的父母非常注重對孩子理財能力的培養，他們把理財教育稱之為「從三歲開始實現的幸福人生計畫」。在美國，每年大約有三百萬個中小學生在外打工，他們有一句口頭禪：「要花錢，工作去！」

「除了陽光和空氣是大自然賜予的，其他一切都要經由工作獲得。」這是日本父母教育孩子的名言，許多日本學生在課餘時間都在校外打工賺錢，體驗父母的艱辛，分擔家計。

所以家長們，不要羞於和孩子談「錢」。當孩子走入社會以後，必然要和「錢」打交道，儘早教育孩子用工作來換取金錢，是很重要的。從小培養孩子的理財能力，培養孩子養成勤奮工作的好習慣。

都說「別讓孩子輸在起跑線」，這句話除了指成績與資源，更指向孩子的情商（EQ）與理財能力。智商（IQ）、情商（EQ）和代表理財能力的「財商」，三「商」都高的孩子，才能贏得自己的精彩人生。

專家建議：告訴孩子「賺比省更重要」的道理

鼓勵孩子藉由做家事來獲得報酬，是父母教育子女的傳統方式之一，這種方式的代表人物是摩根大通集團（JPMorgan Chase & Co.）的創始人——老摩根（John Pierpont

Morgan）。他靠賣雞蛋和開雜貨店起家，發家致富後對子女要求十分嚴格，規定孩子每月的零用錢都必須透過做家事獲得，於是孩子們都搶著做家事。最小的孩子湯瑪斯因為老是搶不到工作做，連每天買零食的錢都沒有，於是過得非常節省。老摩根知道後對他說：「你不應在用錢方面節省，你應該去想怎麼得到很多工作才能多賺錢。」這句話提醒了湯瑪斯，於是他想了很多工作的點子，零用錢漸漸變多，最後他明白了一個道理：理財中，賺比省更重要。

培養孩子自力更生的能力

金錢的第一個來源是勤奮，第二個來源是節儉。

——班傑明・富蘭克林（Benjamin Franklin）

在美國，孩子到了十八歲，就得自己賺錢解決生計，並獨自承擔讀書的費用。這倒不是因為父母沒錢，這樣做只是為了讓孩子自己賺錢早日獨立。美國孩子從小就經常聽到父母的口頭禪：「自己照顧好自己」、「讓你的生活變得更美好」。美國父母認為讓孩子自己賺錢，是讓孩子知道賺錢的辛苦和艱辛，以及賺錢的價值。

微軟公司創始人比爾蓋茲（Bill Gates）擁有將近一千三百億美元的資產，他曾表示，死後只會給自己的孩子一人留一千萬美元。而擁有近千億美元身家的股神巴菲特（Warren Buffett），說過自己給孩子留下的錢「不太多」，不能多到讓孩子們一事無成。

如何把自力更生的觀念教給那些花父母的錢連眼睛都不眨的孩子呢？許多財富顧問們都有相同的回答：讓你的孩子工作、做家事或在暑期打工，同時控制零用錢。

美國黑石集團（Blackstone Group）創始人彼得・喬治・彼得森（Peter George Peterson）的女兒霍莉對這種做法讚譽有加，因為她自己就從這種方法中得益。

霍莉說：「你的父親為你買房子、買衣服嗎？我父親沒有這樣做。因此，我不得不自己工作。」大學畢業後，霍莉在美國廣播公司新聞部做職員，一年賺三萬美元。她父親至少擁有淨資產二十五億美元，每月卻只給她六百美元零用錢，折合新臺幣大約一萬六千元。

她說，在二十多歲時，她曾和父親大吵一架，原因是她想多要點零用錢，而父親不給。「其實在我們吵架的最後三十秒內，他就已經從存款利息賺到了我所要求的那麼多錢，」霍莉說，「他那時告訴我：『我能給你的最大財富就是獨立。』二十年後，我不得不承認，他是對的。」

自力更生，需要付出艱苦的努力和汗水，卻也可以為你帶來更多的幸福。為富豪提供服務的顧問說：「父母總希望孩子成功路上少遇挫折，但他們的幫助有時可能『剝奪』孩子成功的機會。當你有了孩子，而他決定做些什麼的時候，你會準備以任何方式幫助他們。有意思的是，我的同事們總是說『我人生中學到的最重要的東西是當我跌倒了，我能再站起來。』這就是一些家長從孩子身上奪走的東西，我們往往不讓孩子跌倒。」

現在的環境還不像西方某些國家那樣鼓勵學生外出打工賺錢，但是創造條件讓孩子了解勞力與金錢的關係還是十分有必要的。一名高中生在替年近五十歲的父親送了一天報紙之後，感慨地說：「當我艱難地爬完最後一家的樓梯時，只有一個念頭：我再也不會用父親一天的工作報酬去買一片遊戲光碟了！」可見，親自體驗對孩子的真實教育遠勝過父母苦口婆心的說教。

專家建議：多給孩子機會持家

在現實生活中，父母應該給予孩子機會去操持家事，像是買菜、交水電費、電話費等，讓孩子知道家裡的錢是怎麼花出去的，同時讓孩子知道一個家庭的必要開支，體驗到生活的艱難。平時買東西，父母也可以帶著孩子，在不斷的比較、挑選中，讓孩子理解金錢的價值，培養孩子愛惜金錢的觀念，避免孩子養成胡亂花錢的壞習慣。

認識勞動的價值

如果你能選擇工作，並全神貫注，那麼幸福就會找到你。

孩子勤奮與否，與他所受的家庭教育關係極大。許多家長心疼孩子，怕孩子吃苦受累，往往不讓孩子工作，甚至是做家事；有些家長認為孩子課業繁重，不想占用孩子的寶貴時間；有些家長怕孩子做不好，不如自己做；有些家長則認為孩子的任務是好好唸書，工作以後自然就會了，不需要教育。久而久之，孩子沒有主動工作的概念，變得越來越懶惰。一天中午，小學六年級的莉莉放學回到家中，看到媽媽還沒有把飯做好，就有些不高興。原來，媽媽切菜時一不小心切到了手指，無法碰水。看到莉莉回來，媽媽就讓她幫忙洗菜，不料，莉莉卻推辭道：「我不會洗菜，我們班裡的女生沒有一個在家裡洗菜的。」媽媽問：「那不洗菜要吃什麼？」莉莉回答說：「我不知道，那是妳的事。」

像莉莉這樣毫不講理的「懶蟲」，在現在的孩子中並不是個案，有研究機構曾對六百九十四名青少年進行過一次做家事的調查，結果顯示不願做家事或根本就不做家事的約占百分之六十六，不少孩子不但不幫父母做家事，甚至連自己的房間都不整理，連洗腳都要讓媽媽端水。

要杜絕這樣的「懶蟲」，先要讓孩子「動起來」，平時就讓孩子做一些力所能及的事，需要注意的是，教孩子勤奮工作，不能只限於口頭，透過實踐教育往往會取得更好的效果。

小飛已經是小學五年級的學生了，父母對他嬌生慣養，到現在長這麼大在家裡從來沒做過家事，在學校裡也總是躲避大掃除等工作。有一次，老師跟他的父母反映他的問題，父母才發現自己平時忽視了對孩子的生活教育。後來他們想方設法要讓小飛改變這種不愛動的壞習慣。

暑假時，父母帶小飛參加一個野外求生的夏令營。父親發現小飛非常喜歡這種活動。第二次，父母又帶他去露營。但是這一次，父母卻不再照顧他，什麼事情都讓他自己來。平日不愛動的小飛，在這次露營活動中嘗盡了苦頭。這時候，他才知道，自己的生活自理能力和活動力實在太差了。

露營結束後回到家，小飛主動要求父母讓他做家事，這正合父母之意。經過一段時間，小飛已經不再懶惰，在學校進行掃地工作時也表現得很積極。

由此可見，父母一定要注重讓孩子實際體驗，不要盲目心疼孩子。在日常生活中，你可以讓孩子練習整理餐桌、洗碗，不要擔心孩子會把碗打碎。與孩子的成長相比，打碎一個碗實在不算什麼。

為孩子安排家事，需要注意以下問題：

1　適當的活動量

最好每天安排一定量的家事讓孩子做，通常小學生每天二十至四十分鐘，高中生每天三十至五十分鐘為宜，具體可根據孩子的作業多寡來調節。

2　合理的家事

家事應根據孩子的實際情況決來定，從簡單漸漸到複雜，不可操之過急，剛開始就讓孩子去做難度比較大的家事，這樣只會打擊孩子的自信與積極，更加反感勞動。

3　鼓勵孩子參加集體勞動

當學校、社區安排志工活動時，應鼓勵孩子積極參加，讓孩子體驗服務與團體活動的樂趣。

專家建議：從小培養孩子「動起來」的好習慣

如何培養小孩子「動起來」？家長應先從孩子的生活下手，教育孩子應從小事做起。平時在家裡，刻意讓孩子做一些力所能及的事情，像是洗襪子、收拾碗筷、洗菜、拖地、摺被子等；在學校，要求孩子認真當值日生，不得逃避掃地工作；在公共場所自覺保持環境整潔衛生。以這種「潤物細無聲」的教育，讓孩子動起來，最後成為自覺。

明白勞動的意義

我們世界上最美好的東西，都是由勞動、由人的聰明的手創造出來的。

——高爾基（Maxim Gorky）

歷時四十餘年，美國哈佛大學發現了一個值得注意的問題：適量活動可使孩子快樂。這個問題的研究起始於當時要釐清青少年犯罪問題。被研究的對象是波士頓市舊市區內的四百五十六名青年。當他們步入中年，研究人員發現：不論智力、家庭、收入、種族背景或教育程度如何，那些童年時經常進行體育活動，甚至是做簡單的家事的人，也比那些小時候從不做事的人生活得要愉快。

參加這項研究的精神病學家韋朗特（George Vaillant）認為：孩子在各種活動中，不僅獲得了才能，而且會發現自己的社會價值。研究表明，孩子們童年時的活動與成年後的情況有著驚人的關係。那些童年運動得分最高的人，成年後交遊廣闊的可能性高出十倍，獲得高薪的可能性大四倍，易失業的可能性要比別人小十五倍。而那些童年時很少活動的人，精神不健全的可能性大十倍。韋朗特說，我相信這些原則在今天也不過時。專家們普遍認為，那些替孩子做一切事情的父母，實際上是害了孩子。

在德國，人們早已注意到體育活動對孩子的重要性，他們甚至把孩子的勞動義務明明白白寫到了法律裡——

德國民法典一六一九條規定，跟父母同住且受父母扶養的子女有協助做家事的義務，但並沒有罰則與具體適用年齡，法院也不會強制執行。但這樣的現象已經足以說明孩子參與家事的重要性。

在教育孩子時，可以注意以下幾個問題：

1　培養勞動興趣。

在很多孩子眼裡，做家事等勞動是件苦差事，一點都不好玩。你應該讓孩子明白，工作是有「樂」的。你要試著幫助孩子挖掘每一項活動中的樂趣，讓孩子從中發現、體會做事成功的喜悅。

小蓓在母親的指導下，將地板拖得乾乾淨淨，並且整理好了凌亂不堪的書桌，父親見狀看似若無其事地給了小蓓一句表揚：「嗯，的確比剛才清爽多了。」一個「清爽」，足以讓小蓓由衷地充滿成就感和愉悅，她對做家事的熱情更大了。

在家庭教育中，父母之間的默契配合很重要。媽媽發任務，父親一句誇獎，讓孩子可以即時得到滿足與成就感，自然就有繼續幫忙家事的動力。

2 滿足心理需求。

有個故事：

有一個孩子，很不幸父母雙亡，只好跟著爺爺一起生活。有一天，爺爺的眼睛突然瞎了。這個孩子被迫承擔起全部的家事，還要照料爺爺的生活起居。在爺爺的口頭指點下，他學會了好多打理家裡的本領。當他成為一個堅強、能幹的當家人時，他才知道，爺爺其實並沒有瞎。

在這個故事裡，爺爺費盡心機創造出一個讓孩子感到無助的情境，使他真切感受到工作、勞動是生存的第一需要。

現在的孩子需求越來越多。像是：生日禮物、學習工具、玩樂、遊戲等等。而一個人的需求，無論是物質的還是精神的，本身會成為人的某些外顯行為的內在動力，身為父母要注意孩子這種需求，應該引導孩子在追求自己的目標時明白，想要有所收穫，就必須自己用雙手創造。

3　教孩子做家事。

通常可以讓孩子做的家事有：掃地、擦桌子、洗碗、買東西、鋪床摺被等。你可以將這些項目統整一下，讓孩子每天有一至三項比較固定的勞動項目。家事分工可以督促孩子好好做家事，並培養孩子的家庭責任感和義務感。孩子在做家事時，能清楚地知道自己在家庭中存在的價值，自願為家庭的幸福美滿貢獻出自己的力量。

小學生生活處理能力的七條標準：

1　能夠自己整理衣物和床位。能自己穿脫衣服，把衣服擺放整齊，學會摺被、整理房間。

2　學會安排課餘生活。養成回家主動做作業的習慣，學會看電視、聽廣播節目。

3　學會隨天氣變化安排自己的衣著。

4　學會準備簡單的食物。在父母身邊做廚房小幫手，學會做簡單的飯菜，學會看食物保存期限。

5　學會做一些簡單家事，自己洗頭、洗腳、洗小件的衣物，學會使用洗衣機。

6　學會獨立上下課，獨立出門。

7　學會購買物品。

美國父母怎樣教孩子做家事

勤奮是一切事業的基礎。

——李嘉誠

一位兒童作家在談到教育孩子做家事時分享自己的經驗：

我的父親從我有印象開始，就喜歡工作，一刻也閒不下來。每天早上，我和姐姐還在睡覺，父親就起床了，把該做的家事做完才去趕著上班，看到他精力充沛的樣子，我和姐姐對工作也產生了濃厚的興趣。所以，從八歲開始，我和姐姐就開始幫父親印資料。

我和姐姐往過的那棟房子，過去一直是父親的辦公室，我們也理所當然地認為我們要處理所有信件、蓋印章和裝訂資料、接聽電話。我們學會了在期限到來前完成任務，把房子打掃得乾乾淨淨，漂漂亮亮。做簡單的工作，使用辦公設備，接待客人——讓他們感受賓至如歸。我的一個朋友仍然記得，她見我在高中就已知道如何幫助父母做家事甚至工作，對我如何利用課餘時間替家庭打零工賺不少錢等事情，表現出驚訝羨慕和佩服。我的姐姐——現在是一個會計師，全心全意投入到爸爸公司的日常事務中去解決爸爸辦公室中的難題。

在美國，家長很注重培養孩子的動手能力，也善於用自己的行動來引導孩子對生活的熱情。讓孩子做家事，是美國父母家庭教育的重要內容之一。那麼，美國父母教孩子做家事有哪些技巧呢？

1．合理安排家事內容

每週，父母都要貼出孩子們要做的家事項目，將特定的任務指定給某一孩子去做。要知道，因為年齡及能力的限制，大多數孩子難以完成需要一個多星期才能完成的工作，如果由父母幫助他們制定合理的計畫，任務的完成會容易得多。

2．讓孩子有機會做每一種事

家事輪流做，讓每個孩子都有機會去做他最沒興趣或最容易完成的工作，如果一件事情孩子不想做就不做，會養成他逃避責任的壞習慣。試著讓孩子去嘗試各種工作，或許他可以從中獲得更多的樂趣。

3．認真檢查孩子的成果

檢查孩子的完成情況，使孩子因自己的工作而產生完成任務的成就感。父母一定要檢查孩子的完成情況如何，看看他們是不是盡責完成自己該做的事，如果沒有的話，要讓他們重做，直到做好為止。

4．列出父母應做的事情。

不能讓孩子感到父母只是在吩咐他們做家事，作為家長，應該使孩子知道自己需要做的工作比他們的多得多。

5．對孩子表示感謝

在孩子們完成家事事後，家長會向做家事的孩子道謝。稱讚只是一種鼓勵方式，家長還要經常告訴孩子，對他們的幫助自己是很感激的。這種真誠的感謝會令孩子更積極地成為做家事的好幫手。

大部分美國孩子常做的家事有這樣幾種：

1　幫助父母修理或安裝一些舊東西。在這個過程中，孩子所學到的技能都與閱讀、數學、邏輯、資訊等多元統合能力有關。

2　幫助父母換掉水龍頭中用舊的墊子、安裝窗戶、更換保險絲、修補破損的樓梯等。在做這些工作時，父母往往把自己的生活技巧教給孩子，還可以講一下任務中所運用到的物理學基本原理，開闊孩子的視野。

3　打掃環境、整理庭院或花園、洗衣縫補等。

專家建議：授人以魚，不如授人以漁

在日常生活中，父母應注意引導，使孩子明白沒有工作就沒有收穫，使孩子逐步養成勤奮的好習慣。同時，父母要及時提供做事的機會，知行結合。當孩子有非常強的做事欲望時，更要抓住時機，讓孩子做一些力所能及的事，使孩子在實踐中更加獨立，建立自信，促使孩子身心健康發展。需要注意的是，父母要掌握好「量力、適度」的原則，不可打擊孩子的做事動機。

孩子喜歡做事並不等於會做事。教會孩子做事方法才能避免孩子因失敗而失去動力。在孩子開始做一些事情時，應教給孩子做事方法及重點，並加以示範，讓孩子觀察怎麼做，使其較快掌握要領，給予孩子細心呵護，耐心指導，使孩子的目的更加明確，保持動機。

讓孩子動手做家事

給孩子交代家事是讓孩子建立自我價值感和相信自己能力的一種最好的方式。

依賴性太強，自理能力太差，是當今孩子的通病。幼稚園的孩子會彈鋼琴卻不會繫鞋帶，小學生不會剝蛋殼，高中生不會洗衣服，大學生不會掛蚊帳……這絕非天方夜譚。據對六百名小學生的調查發現，百分之七十八的孩子不會洗衣、摺被，百分之六十九的孩子不會使用針、剪刀、刀、錘子等日常工具。很多孩子因為生活不能自理，在考上大學後讓父母陪讀，幫他打理生活一切，或者選擇退學回家！這不是「望子成龍」的你所希望看到的，要想讓孩子真正成才，就必須讓他們得到生活技巧的錘鍊。

事實證明，從小就做家事的孩子在長大以後，往往比不做家事的孩子更懂得如何照顧好自己，也更懂得孝敬父母。他們從小就懂得做好一件工作是多麼有價值，每完成一項工作是多麼讓人快樂。如果孩子學會了為家庭奉獻，父母和孩子雙方都會從中受益。當孩子能夠分擔家裡的家事時，爸爸媽媽就可以把更多的時間花在和孩子玩耍、溝通上，而不必整天忙於家事。

「我的大兒子從兩歲起，就開始幫我做家事。我做家事時，他會滿屋子跟著我，我把桶子裡的舊垃圾袋收走，他馬上就在桶子裡套上一個新的。」家住洛杉磯的斯特娜說，「我最小的兒子現在也三歲了，他已經接手了這項給垃圾桶換塑膠袋的工作，同時，還兼打理其他幾件家事。他為自己感到十分自豪，在他要求做其他工作時，我通常也會欣然答應。看到他們做家事時如此認真，我真的很高興，做家事使他們變得更加獨立。」

讓孩子做家事是幫助孩子成長的最好機會，在培養孩子做家事習慣時，你需要一些時間和耐心，最好是擬定一份周詳的計畫，讓孩子能「自主、自願」地去做，只有這樣才能達到教育的目的。

以下列舉一些適宜各年齡層孩子做的一些家事，供你參考：

二至四家具歲：

把自己的髒衣服放在洗衣籃裡，撿起玩具，飯後把自己的餐具放到水槽中，給廁所換上新的衛生紙。

五到七歲：

清晨整理自己的床，從信箱中拿回信件或報紙，給寵物的碗添上食物，餵魚，擦拭窗臺，撿起院子裡的樹葉，整理書包，保持臥室整潔。

八歲以上：

擦拭家具，吸塵，飯前擺設餐桌，飯後收拾餐桌，摺好洗乾淨的衣物，把衣物分類收好，掃地，拖地，丟垃圾。

以上僅僅是列舉了一些孩子們在家中力所能及的事情。一定要記住，孩子年齡越小，工作時注意到的細節也就越少，因此不要對孩子要求得太多。要記住，你的主要目的是希望他們能獲得成就感，而不是挫折和失敗，更希望他們明白工作的意義。當孩子養成良好的家事習慣後，十分有利於他成年後養成其他良好的工作習慣，和做好工作的態度。

專家建議：做家事有助於孩子的智力發育

兒童教育學家主張孩子要多做家事。他在三個城市和十二個鄉村中曾調查過三百六十一個各種類型的家庭，結果發現，凡是做家事的孩子，其智力發展程度遠遠高於不做家事的孩子，並且，經常做家事的孩子有較強的獨立生活能力。做家事可以在日常生活中使孩子有非常多的機會，藉由視覺、聽覺、觸覺、味覺和嗅覺接受外界的各種刺激。這種刺激資訊傳入大腦，便可活化大腦。做家事還能訓練孩子的運動器官，使動作、語言、技能等方面得到充分發展，促進大腦對肢體的控制能力，使兒童的動作能力進步。

報酬、義務要分清

孩子需要負責完成的工作，應該是事先商定，並對家庭有益的。

暑假一開始，張先生和妻子就開始教小偉做一些力所能及的家事，像是洗碗、掃地等等。沒幾天，小偉便開始罷工，說什麼都不肯做了。張先生很納悶，問兒子原因。小偉說：「其他同學在家做家事，父母都會給他們酬勞，憑什麼我就是個免費勞工？」聽到兒子的話，張先生一時不知如何是好。

按照傳統教育觀念，孩子做一些力所能及的家事不應該給報酬，因為這是在培養一個孩子的愛心和責任心。假如孩子遇事斤斤計較，在家裡做點力所能及的家事就要收取一定報酬，可能是由於你在教育孩子的過程中，太強化「付出一定要有回報」，並把回報方式過多地定位在「金錢與物質」上了。其實，用肯定、讚揚、感謝作為回報，效果可能會更好。另一方面，孩子太注重報酬是社會化的早期表現。針對這種情況，你一定要加強孩子責任感的培養，告訴孩子，每個人在人生中都應該承擔許多種責任和義務，這些是不能以「金錢和物質」的回報為代價的。

如今，很多年輕家長模仿西方的教育方式，讓孩子以家事來換取零用錢，認為這就是理想的理財教育。誠然，體驗勞動過後得到報酬的過程確實可以使孩子產生成就感，這比光從家長手裡要錢也更有正向作用和教育價值，但在具體做法上，還請你仔細斟酌。

首先，不是所有的家事都要給報酬。

讓孩子做家事涉及到孩子的服務概念、家庭責任感以及愛的培養等問題。五六歲的孩子完全可以，也應該在生活上有所自立，像是收拾自己的玩具、圖書和臥室，為了表示肯定，你可以用帶孩子外出遊玩的方式作為獎勵，而不一定非要付錢。

其次，適當付給孩子一定的報酬。

為了提高孩子勞動的積極性，在他做一些簡單的家事後，你可以根據具體的工作量給予相應的「報酬」。這種讓孩子有償得到零用錢的做法，可以讓孩子體驗到工作的辛苦和賺錢的不容易，同時也可以教孩子一些理財的經驗，不置可否。

但同時，有些家長也會產生這樣的困惑：不給錢，怕不能激發孩子的熱情；給多了，又怕孩子亂花。其實，解決辦法很簡單，掌握好一條原則就行了：

「你必須讓孩子明白，你是這個家庭的成員，有些事情是你的義務，應該為這個家去做。」

此外，你還應該引導孩子合理消費，經常和孩子交流零用錢的去處，幫孩子制定消費計畫，讓他們知道哪些地方該花，哪些是浪費，不要放任不管，這才是培養孩子經濟概念的最佳方法。

專家建議：「金錢至上」的思想要不得

在市場經濟中，勞動已經成為商品。但是，有些體力勞動如社會公益、家事都不是商品，而是義務。當孩子具有了一定的行為能力時，就應該對家庭盡義務，做適當的家事。讓孩子參加一些家事，這是應該的，絕不能用錢來維持這種義務。「金錢至上」的思想要不得，否則，父母子女之間就會變成赤裸裸的金錢關係，這對孩子的成長有害無益。

付出越多，收穫越大

每年在孩子生日這天回顧一年的情況，對未來一年的零用錢和工作做出規定。

孩子幫助家長做家事收取報酬究竟正確還是錯誤?許多人認為這種做法是錯誤的，在他們看來，孩子為父母親做點事情是理所當然的，不應該收取報酬。而另外一部分人則認為:孩子既然付出了勞力，就理應收取報酬。為什麼呢?原因如下:

1　國外的成功經驗

美國的小孩子，總是按勞取酬。這種方法，可以讓孩子真正地體會到「一分耕耘，一分收穫」。因此，美國的小孩子總是能夠認認真真地完成每一件事情。給孩子適當的報酬，孩子們就會更樂意地去接受更多的任務。

2 酬勞可以激發孩子的工作動機

在日常生活中，經常可以看到「茶來伸手，飯來張口」的「小王子」、「小公主」們，幾乎不做任何家事。假如給這些孩子一些報酬，會不會引起他們工作的動機呢?答案是肯定的！一方面，他們藉由工作得到報酬，就會產生成就感，另一方面，有了「自己的」收入自己可以自由支配使用，也就可以安排一些本來想做而無法做的事情，這份「誘惑」可以讓任何人都為之動心，無疑可以激發他們的勞動熱情。

八月一日，雪兒第一次領到了一千塊的薪水，這是她為家裡辛勤工作（收拾碗筷）一整年獲得的報酬。

雪兒已經十一歲了，父母對她嬌生慣養，什麼家事都不讓她做。一次偶然的機會，父母看到一個報導：外國孩子比較自立，有創意，但東方的孩子自理能力差，都上大學了還要媽媽陪伴，沒有創意跟創新，死讀書本。這一報導讓雪兒的父母受到不小的震撼。為了培養雪兒的能力，同時讓她知道只有付出才能有回報，父母決定和雪兒簽一個協議，讓她透過勞動獲得報酬。雪兒每天幫助收拾碗筷，一年結算，給一千元。雪兒同意了，對於她來說，能夠透過自己的付出得到一千塊錢的酬勞，可是一件了不起的事情。

剛開始勞動時，雪兒很有興趣，可時間長了，就沒有毅力了，經常耍賴。父母堅持讓她工作，經常鼓勵她。經過一年，雪兒由不情願到習慣主動收拾碗筷，她的意志也得到了磨練。

事實上，孩子在家裡做事情，家長給不給錢並不重要，因為這只是一種形式，關鍵是要讓孩子懂得「遊戲規則」。如果你付給孩子薪水了，一定要講清楚，「用自己的勞力得到報酬是一件很光榮的事，但並不是所有勞動必須有物質回報，像是幫助別人或在社區、學校等場所進行義務勞動時就不該要求回報」；如果你拒絕付給孩子報酬，也應該對孩子說明白，「錢是有用的，但它不是萬能的。雖然工作可以得到報酬，但做家事是每個家庭成員應盡的義務。」

專家建議：家事意義大

1　幾乎所有的家事都有助於孩子學會如何有條理和一絲不苟地做事。

2　做家事更重要的是能夠讓孩子養成凡事都願做、能做和愛做的可貴特質。

安排可以獲得報酬的家事

孩子在家中做了額外的工作，而家長有能力給報酬的話，就要給他。

孩子做家事換取零用錢，有其合理性。但是，一味地用「錢」來談條件，卻只會讓孩子形成盲目追求金錢的畸形心理。因此，家事該不該付費，如何付費，需要你和孩子共同協商。

合理付費的正確做法是：

1 簽合約

家長與孩子簽訂一個合約或協定，上邊詳盡列舉出為了得到零用錢，孩子每天或每週應做的事情。

2 賞罰分明

在合約上除了要寫明所盡的義務之外，還要列出具體的獎懲辦法，從而表現勞力價值的公平性。

3 信守承諾

在孩子圓滿地完成任務之後，一定要按時、足額發放給孩子應有的零用錢。言出必行，才能培養孩子忠實履行合約的好習慣。

在合約或協定中，可以以條款的方式具體列出孩子能做的具體家事，像是：

1 **房間裡的工作**

＊早上要負責摺好自己的被子

＊自己的衣服要摺整齊、放好

＊收拾玩具、書和其他雜物

＊自己動手整理、更換床鋪

＊負責打掃地板、清理書櫃

2 **廚房裡的工作**

＊挑菜、洗菜

＊擦桌子、擺碗筷

＊飯後收拾，洗碗筷

＊主動倒垃圾

＊能夠自己動手做一些簡單的飯菜

3 **其他事情**

＊洗小件衣服

＊擦拭家具

＊ 澆花

4 戶外

＊ 打掃走廊

＊ 清掃落葉

＊ 積極參與社區裡的義務勞動

一般來說，給孩子分配的任務有一個原則——從簡單到複雜。在給孩子列出可以做的家事時，需要注意以下幾方面：

1 考慮家事的難易程度，要注意力所能及；

2 其次要考慮家事的量，不能讓孩子太過勞累，以致影響正常的生活作息；

3 要盡量安排一些孩子感興趣的家事，讓孩子感受到樂趣。

關於如何計算孩子的勞動，你可以試試以下的方法。

採用計點法來對孩子的工作進行計算，即每一種家事都給予相應的點數，以此來計算出工作或時間的總數。像是：澆花算一點，掃地算一點，洗碗算兩點等等。規定孩子每月必須完成一定的點數，才能得到一定數額的零用錢。可以將點數記在本子上，也可以讓孩子自己記，這樣可以培養孩子的自主性，並做到有據可查。

專家建議：分清楚報酬和義務

1　並不是所有的家事都要付給孩子報酬，告訴孩子，家中有些事情是他分內該做的。

2　給孩子零用錢不必局限在勞力付出上，孩子有什麼好的表現，像是對朋友慷慨相助等，也可以給予一定的獎勵。

報酬與獎勵要區分

只是完成了事先商定的工作，不該要求也不該接受額外的報酬。

孩子做家事該不該要報酬，牽涉到觀念問題。按過去的傳統，孩子幫爸媽做家事活是天經地義的。但現在的孩子多是獨生子女，在幾代人的精心呵護下，很多都成為家裡的「太上皇」，過著被伺候周到的生活，別說替父母做家事了，連自己應該做的事情都推給父母做，獨立能力越來越差。面對這種情況，有些父母借鑑西方的教育方式，用給錢的方式來刺激孩子做一些家事。效果如何呢？讓我們先來看看孫小姐的實際經驗吧。

孫小姐從小生活在條件十分優越的家庭，生活起居都被安排好，對錢的概念十分淡薄，導致她長大後非常欠缺理財知識。在她的兒子出生後，她就特別注重對兒子「財商」

的培養。無奈兒子在爺爺奶奶、外公外婆的百般寵愛下，早已養成了茶來伸手飯來張口的壞毛病。為了讓兒子改掉這種壞習慣，孫小姐想了好多辦法，其中之一便是用酬勞來刺激兒子做家事。經過幾年的觀察，她發現，僅僅用錢來當誘因遠遠不夠，需要報酬、義務同時講。

在兒子剛上幼稚園的時候，孫小姐讓他模仿自己的樣子擦鞋，兒子嘟個嘴不想做，於是孫小姐對兒子說，擦一次鞋可以得到五塊錢的酬勞。這一招果然奏效，兒子拿著自己賺到的錢，比過年收到壓歲錢還開心。

之後，孫小姐經常以酬勞為「誘餌」，讓兒子做一些諸如掃地、整理書桌之類的簡單家事。可是時間一長，她就發現問題了。有一天，兒子主動將自己的臥室整理一番後，就對媽媽說：「房間都收完了，你是不是該付我零用錢呢？」孫小姐感到非常錯愕，兒子怎麼變得這麼唯利是圖？都是小學三年級了，做一些力所能及的家事不應該嗎？沉思良久，她對兒子說：「濤濤，作為家庭的成員之一，有些事情是你應該做的，這是你的義務，不能什麼都用錢來衡量。我們家裡的錢是每個人的，不僅爸爸媽媽要花錢，你的唸書、生活也需要花費啊！」

從這以後，孫小姐改變了兒子每做家事一定要付酬勞的習慣，兒子也慢慢地懂得，每個人都有責任也有義務為家庭做貢獻，有些事情，是自己必須要承擔的，與酬勞無關。

孩子的工作概念和責任感，需要從小開始訓練和培養，方式大同小異，經濟獎勵是其中比較有效的一種。當孩子逐漸知道責任和義務時，這樣的獎勵便可以慢慢取消。當孩子有什麼良好表現時，你可以給他經濟或物質獎勵，但要讓他明白，這種獎勵和口頭讚揚是一樣的，絕對不屬於報酬的範圍。這樣，既培養了孩子的做事動機，又能保證正常溫馨的家庭關係，一舉兩得，何樂而不為？

專家建議：做家事與「理財家」

1　透過做家事，培養孩子吃苦耐勞、辦事有條理、勤儉節省、珍惜生活等眾多優良品格，而這是成為一個優秀理財家不可或缺的條件。

2　為了將孩子培養成小理財家，不要過分溺愛孩子，讓他從現在開始，從小事做起，從家庭瑣事做起，在生活中鍛造理財的素養。

培養商業觀念

在商場中「受過最好訓練的人是自我訓練的人」。

當今社會，教孩子主動發現一些「商機」很有必要。隨著傳統觀念的變革，很多父母開始刻意培養孩子的商業意識。

趙先生是一家廣告公司的部門經理，年輕時曾經遠赴海外留學。在國外，很多家長從小就開始培養子女賺錢的能力，這給他留下了深刻的印象。回國後，在對女兒的教育中，他也開始刻意進行「財商」教育。

有一次，女兒學校舉辦了一次「二手書交易市集」的活動，在活動中，孩子們把自己已經讀過的書籍、報章雜誌帶到學校裡，幾個人開設一個小型的書攤，孩子們自己定價、互相講價販售，不亦樂乎。趙先生聽說後，鼓勵女兒積極參加這樣的活動。忙碌了一天後，女兒藉由賣自己的童話書賺了三百多元，後來又用這筆錢買了別的小朋友的舊書。

「我覺得這種活動很不錯，可以讓孩子在買書賣書的過程中了解一些簡單的商業知識。」在與老師的交談中，趙先生肯定地說。

在美國，家長利用許多方式鼓勵孩子的賺錢行為。當然，這種鼓勵不是讓孩子盡情消費他們賺到的金錢，而是透過一些方式把金錢累積下來，並借機教他儲蓄或穩健投資等一些基本的理財技巧。

麥可在介紹他的經驗時說：「我兒子十六歲時，找到了一份在當地電影院賣爆米花和糖果的零工。我和妻子決定，他在電影院打工每賺到一美元，我們也拿出一美元存入他的個人退休帳戶。兒子大學畢業時，我們在他的帳戶裡存入最後一筆錢。七年來，我和妻子用這種方式為兒子投資了一萬多美元，現在他的帳戶裡共有一萬四千六百八十美元，這對於一個二十二歲的年輕人來說，已相當不錯了。」

最簡單的商業行為，從難易程度來看可表現在三個方面：賺錢、花錢和殺價。如果你想從小培養孩子的商業意識，不妨從這三方面做起。

1　賺錢

為孩子創造賺錢的機會很重要，不過這種機會很多。像是，你可以先訂一個價目表：每天折衣服十塊錢，倒一次垃圾五塊錢，拖地板二十塊錢，整理房間十塊錢等等，這些都是「明碼標價」的。再來就是獎勵制度，如寫字整齊、學習態度好就獎勵兩塊錢，老師說她上課認真也可以獎勵兩塊錢……這樣的機制握會讓孩子被觸動，為了贏得獎勵而督促自己認真唸書，一舉兩得。

2　花錢

在孩子賺到錢之後，他想要的東西你就可以讓他自己花錢買了。像是他想買一些玩具、零食什麼的非生活用品，就要自己付錢。一般來說，這樣的建議孩子會很高興地接受。因為對他來說，花錢是件新鮮的事，他覺得自己有支配權了。

3．殺價

在循序漸進的訓練過程中，必然走到獨立行動、講價殺價這一步。買東西是孩子與人交流的一種好方法。在買東西的過程中，孩子慢慢會學會貨比三家的道理，漸漸悟出「貨比三家不吃虧」的買物真諦。

專家建議：幫孩子發現商業潛能

1 家長從事某一項與商業有關的事情時，可以帶孩子去觀摩，了解這種工作的全部內容，指導孩子如何從事類似的工作。

2 鼓勵年齡較大一點的孩子去打工。在工作中，孩子可以得到難得的磨練。

掌握經驗和工具

不要輕視日常的小事，而是尊重日常的小事。

古語云：「工欲善其事，必先利其器。」要想做好某件事，必須掌握工作技能和經驗，並借助特定的工具，這樣才能有效完成任務，達到目的。

想要做好某項工作，工作經驗是非常重要的，它只有在具體實踐中慢慢摸索和體會，才能得到。一般來說，簡單的工作所需的經驗較少，而複雜的工作就需要認真學會和領悟了。像是，大多數孩子都會洗菜和洗米，但做飯就不一定誰都可以了。

那麼，從哪裡才能得到這些經驗呢？父母是孩子的終身導師，孩子做家事所需要的經驗和技巧，當然是從家長那裡獲得了。家長應該耐心地教孩子，讓孩子多實做，這樣才能掌握必要的工作技能和經驗。在週末，你可以向孩子展示如何炒菜、煮飯、給寵物洗澡等。當然，孩子學習的途徑遠遠不只有一種，從鄰居或其他小朋友那裡，同樣可以學到有用的技能。像是可以讓孩子跟著別的小孩去做些簡單的打工，在整個工作過程中，孩子一定收穫不小。

有些工作需要借助一定的工具，像是掃地要有掃把，拖地需要拖把，有的工作需要的會更多，像是清理房間，除了要有掃把外，還要有吸塵器、抹布和清潔劑等；如果要開一個小吃攤，需要的東西就更多了，烹飪工具、調味料、餐巾紙、紙杯盤子等，都是需要準備好的。

「投資一項工作從來都不是一件簡單的事情，需要做好全面的準備。在購置設備時，要本著盡量降低成本的原則，如果所需設備正好家裡有，就不要再浪費錢財去另外購置，但有些東西是必須要花錢買的。告訴孩子在買的時候要記下為此花費了多少，這樣在生意開張之後，就可以從收回的錢中減掉花去的那一部分，餘額就是利潤了，這正是生意的收穫和回報。」回憶起當初協助兒子創業時的情景，于先生滔滔不絕。

其實，家長幫助孩子投資或者讓年齡大一點的孩子自己投資，並不是在乎孩子到底能為家裡賺到多少錢，他們甚至不在乎虧損，因為虧損是教會孩子市場法則的必要之路。讓孩子透過操作自己的錢，累積經驗，領會投資的意義和技巧，這才是教孩子理財的關鍵之所在。

專家建議：利潤之道要從小培養

1 父母在家裡可以向孩子展示如何炒菜、煮飯、給寵物洗澡等，讓孩子獲取一些家事中的經驗和技巧。

2 告訴孩子最基本的投入和支出、成本和利潤之間的關係，教孩子利潤之道。

賺錢的方法有很多

無論做什麼，無論怎麼做，永遠別重複同一件事、同一種方法。

鼓勵有能力的孩子利用假日打工，或做點小買賣，或者鼓勵孩子用自己的收入來完成消費計畫，是「財商」教育的一項重要內容。讓孩子打工，可以讓他們體會工作的艱辛與錢的得來不易，體諒父母的辛苦，還能促使他們珍惜自己的生活，學會控制金錢。

下面，給大家介紹一些適合中小學生的賺錢方法，孩子們可以在家長的鼓勵和指導下根據自己的實際情況，以力所能及的工作賺錢。

家事是絕大多數中小學生都可以勝任的，這類體力勞動範圍廣，可以根據孩子的年齡和能力安排其從事這類勞動。通常，以家事來賺錢往往是孩子們獨立賺錢的第一步。

1　洗碗

這是家事中最常見也最簡單的工作之一，大部分六歲以上的孩子都可以勝任這一工作。當然，由於年齡不同、態度不同，效果是天差地別的。在孩子剛剛做這項工作時，需要家長在一旁給予耐心指導，甚至加以協助。十歲以上的孩子，大多能夠獨立完成，效果也令人滿意。

適合年齡：六歲以上。

所需工具：菜瓜布、洗潔精、水槽。

大概收入：按次計算或按點數計算均可，由家庭的實際情況而定。

2 照顧寵物

常見的家庭寵物有貓、狗、鳥、魚等。這些寵物需要精心照料，一些有品種的動物更是如此。一般來說，小孩對飼養寵物都有濃厚的興趣，家長不妨把照顧寵物的任務交給孩子。這樣既能使孩子養成耐心細心的好習慣，又可以培養他們的愛心。年齡較小的孩子，可以在父母的指導下為寵物添加食物，而年齡較大的孩子則可以獨立完成為寵物洗澡、餵食或換水等工作。

適合年齡：十二歲以上。

所需工具：寵物食品、寵物洗毛精、吹風機等。

大概收入：一百五十至兩百五十元／月

3 做回收

這項工作既可以在家裡進行，也可以擴展到戶外。對於年齡小的孩子，可以讓他們將家裡的回收物收集起來，賣給收購回收的人或回收站。孩子長大一些後，可以鼓勵他們走出家門，到一些社區或公共場所去收購，然後轉賣給回收站。這種工作本身沒有什麼難度，其關鍵在於與回收站或回收收購人員講價，同時需要具備一定的計算能力。

適合年齡：八歲以上。

所需工具：較大的舊塑膠袋。

大概收入：依照收購價格賺取收入。

4　洗車

這項工作所需的技能不多，只要細心、周到就可以做好。做這項工作需要選擇一個用水比較方便的地方，需要注意的是，選擇比較順手的工具，可以達到事半功倍的效果。

適合年齡：十歲以上。

所需工具：水桶、刷子、抹布、清潔劑。

大概收入：一次五十塊。

5　賣花

在某些特定的時間賣花，是一種很好的賺錢方式。像是，在情人節的時候賣玫瑰，在母親節的時候賣康乃馨等。這些時候的花價通常比較高。平時也可以做一些出售鮮花的工作，時間和地點是關鍵，像是在電影院門口向戀人們推銷玫瑰，或在春天向小姐們出售茉莉花或梔子花。賣花看似簡單，實際上是一件不容易的事情，因為鮮花嬌嫩，照顧不周就會受傷，承擔成本。

適合年齡：十四歲以上。

所需工具：花籃、包裝紙、彩帶等。

大概收入：每支十到二十元，依照時價調整。

專家建議：開發多種賺錢途徑

賺錢的方式有很多，聰明的孩子完全可以在家長的引導下充分發揮想像力，開發出多種賺錢的途徑。需要注意的是，賺錢並不是孩子的主要任務，在鍛鍊自身能力的同時一定要兼顧學生的主要任務。

從小培養賺錢能力

既會花錢，又會賺錢的人，是最幸福的人，因為他享受兩種快樂。

——山繆．約翰遜（Samuel Johnson）

古人有句話：授人以魚，不如授人以漁。

小孩子成長懂事後，開始體會到錢的魅力。從拿到零用錢開始，「錢」開始正式進入孩子的世界。而在孩子與錢「做朋友」的過程中，父母是最佳的導師。你的言傳身教，都會影響到孩子對金錢的認知與態度。

「如何教孩子賺錢呢？幼稚園時期就教他，顯然有點早，而等到進了小學，隨著學業負擔越來越重，每週有一天能讓孩子輕輕鬆鬆地玩就不錯了，實在想不出還有教他賺錢的好方式。」經常聽到父母們這樣抱怨。

的確如此，相對封閉保守的教育體制使得父母少有理財教育的機會和時間，然而越是這樣，孩子的理財教育就越迫切而必要。入學前，孩子們過的是衣食起居有人照顧的「神仙」日子，而入學以後，他們的零用錢多是向父母討要，如此下去，很難培養孩子獨立生活的能力，而等到他長大成人，終於拿到自己的第一筆收入時，也很難恰當理智地分配自己的薪水，容易在未來的理財生活中陷入窘境。

那麼，怎樣從小培養孩子的賺錢能力呢？

以家事來獲得報酬，是父母教育子女的傳統方式之一，其代表人物是美國的「大財閥」老摩根。他讓孩子明白理財概念中，賺比省更重要。

你可以教孩子從小學會利用各種金融理財產品，靈活運用資金，讓「錢生錢」，從而達到培養孩子的賺錢意識和能力。像是給孩子開設獨立的銀行帳戶，資金累積到一定程度後，可購買理財產品，進行投資，在實踐中學會理財。

專家建議：要金錢，更要人生

「你能否賺到錢，最關鍵的原因並不在於你是不是有個好點子。你有多聰明也不是主要原因，決定因素是你的自信程度。」分享給孩子，讓孩子建立自信，在理財路上前行！

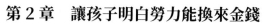

第3章　教孩子正確地「花錢」

孩子稍大一點的時候，會有更多的購物需求。這時孩子會發現，需要買更貴的東西，但是父母一次給的錢不夠用了。家長可以適當增加零用錢的數量，但不必完全滿足孩子的要求，可以指導他把幾週的錢加在一起使用，孩子便可以在自己支配零用錢的過程中懂得積少成多的道理。

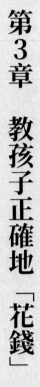

省錢不如「花錢」

學會不做什麼比學會做什麼更為重要。

「前一段時間，我七歲的兒子丁丁很喜歡花錢。春節期間，他收到不少壓歲錢，有一次，他甚至在沒告知我們的情況下，私自拿出一百元去超市買玩具。我知道後嚴厲責罰了他，告訴他要把錢省下來交學費或買學習用品，並『沒收』了他剩下的壓歲錢。當時，他態度非常好，保證以後再也不會亂花錢了。後來我無意發現，他竟然偷偷拿家裡的零錢去買零食。責備之餘，我也反思，造成丁丁這種情況的原因到底是什麼？」

王小姐對兒子丁丁的事情苦惱不已，但又不知道該採取什麼樣的措施。其實像丁丁這樣的這種情況在兒童中並不少見，作為家長，不應該把孩子花錢看成是洪水猛獸，而應該從多元角度來考慮問題。

1　積極引導

孩子有了消費的欲望，是好事，你應該積極引導他。但話說回來，私自拿錢終究是錯誤的，應該讓孩子知道自己犯錯了。要耐心地告訴孩子，即使是父母的錢，在用之前也應告知父母。

2　查明原因

要搞清楚孩子為什麼要偷偷買零食吃。如果孩子正餐沒吃飽，很有可能透過零食來彌補，因此你要注意加強孩子的飲食搭配。

3　增強衛生意識

孩子對食品的衛生與否缺乏判斷能力，所以你應該教孩子區別哪些是營養食品，哪些是垃圾食品。

下面，我們來看看王小姐在諮詢過教育專家後，是如何對她的兒子丁丁進行金錢教育的。

首先，按週給孩子固定零用錢。

假如丁丁在一週內做了五件好事，他可以領到五元的零用錢，多於五件，還可以進行額外的獎勵。起初，丁丁為了拿獎金，做好事有些裝模作樣，慢慢地，那些好事就做得很自然了。行為心理學上講：某種行為出現頻率越大，習慣養成越快。

其次，教孩子學會儲蓄。

丁丁每年的壓歲錢都很可觀，今年，我特別為他開了一個帳戶。丁丁很得意，還把平時存的獎金也存了進去。現在他花錢時，總會先考慮一下這個東西是否一定要買。有一次，他還驕傲地說，媽媽，我將來要用這些錢讀大學。

第三，讓孩子學會區別哪些是營養食品，哪些是垃圾食品。

丁丁以前喜歡在流動攤販處買零食，而且吃得津津有味。我講過他很多次，但效果欠佳。後來，我刻意讓他看一些關於食品安全的報導，讓他對那些不衛生的食品有更直觀的了解，現在，他再也不亂買那些小攤上的零食了。

第四，讓孩子透過自己的努力實現願望。

丁丁七歲時，愛上了溜冰。那時，他剛買了小提琴，存摺所剩無幾。為了買溜冰鞋，他在接下來的時間裡表現十分不錯，經常主動幫我做家事，來賺得額外收入，經過兩個月的辛勞，他終於用獎金買到了心愛的溜冰鞋。

第五，多陪孩子去書店，錢要花在「刀刃」上。

閒暇時，我都會帶孩子去書店，丁丁從最初看圖畫和卡片，到迷戀童話故事，最後逐漸喜歡上了閱讀。每次，當他用自己的錢買到一本有趣的書時，都很開心。

專家建議：對孩子進行正確的理財教育

幾個小建議，供家長參考：

1 讓孩子進行一些工作，讓他們知道錢財得來不易，教育他們正確對待金錢；
2 不時對他們令人欣喜的表現給一點小獎勵；
3 把對孩子零用錢沒了就要的習慣改成定額一次性支付，讓他逐漸知道量入為出，合理安排支出；
4 給孩子一些理財和購買商品的機會，讓他們認識到錢的價值和懂得貨比三家。

讓孩子學會花錢，短期來看能讓他們懂得節制，長遠來看是培養他們的理財能力和習慣，而一個良好的理財習慣會使孩子終身受益。

亂花錢是壞習慣

把你的花費記錄下來，讓自己知道錢是怎樣花掉的。

——卡內基（Dale Carnegie）

彭彭今年上六年級，每個月的零用錢經常超過五百元，這對小孩來說實在是太多了。為了讓他懂得節儉，父母費了不少口舌，但每次彭彭一伸手，父母卻又不忍心拒絕。

和許多家長一樣，彭彭父母真正煩惱的並不是怕孩子花錢，而是怕他亂花錢。如何對孩子進行正確的理財教育，是目前大多數家庭教育中的盲點。

一位教育專家分析說：如果一個孩子從小就能學會花錢，在當今社會就是一大優點，因為他從小便有了一個現代人的必備素養——理財。而現在許多家庭還沒意識到理財教育的重要性。

就讀大學的曉傑同學說：

「我是上了大學才真正自己買東西，但每次買完回家後，家人總是不滿意，不是說我買貴了，就是說買得不實用等等，我自己也經常是買了東西就後悔。」

專家分析，孩子理財能力的薄弱，其中很重要的一個原因就是他們從小就沒有真正接觸過理財。因為理財教育的缺乏，很多人直到出社會工作許久，仍然缺乏獨立的理財能力。

有很多家長喜歡對孩子說：節儉是美德。這其實就是一種理財教育，節儉本身就是一種理財觀。還有一些家長，刻意避免在孩子面前提到「錢」字，生怕過早讓孩子接觸錢，使孩子變得過度功利，對金錢產生錯誤認知。其實這種觀點並不正確，我們都知道，要想掌握一個東西，必然是以了解這一東西為前提的，一無所知的後果必然是盲從。在美國，家長對孩子的理財教育從三歲就已經開始了；在英國，政府決定在國小階段就開設理財教育課，並隨著年齡的增長開設不同的理財教育內容，讓孩子從小就正確對待和使用金錢，並學會初步的理財知識和技能。

為了解決孩子亂花錢的毛病，國外的學者特別歸納了五個「W」。

Why——為什麼要買？

如果孩子說不出理由，一定要加以限制，必要時可給予懲罰。這裡說的懲罰不是訓斥或責罵，而是減少零用錢的數量，孩子大多會心疼自己的錢，不妨一試。

What——買什麼？

因為孩子年紀小，很難做到理智消費，因此家長要注意管控孩子自己做主購買物品的範圍，什麼能買，什麼不能買。

When——什麼時間去買？

應向孩子說明，按活動的重要性來安排購物時間，即使是週末的補習班，也不能因為購物而耽誤。如果孩子需和家長一起去購物，則要等到家長有空的時候，家長要讓孩子知道不能一切以孩子為主，要讓孩子學會等待。

Where——到什麼地方去買？

一般來說，小物品如鉛筆、作業本、小畫冊等等，可以到一般文具店去買。對於孩子來說，名牌商品和普通商品沒有什麼區別，孩子之間不應為此互相比較。需要注意的是，家長要告訴孩子，千萬不能貪便宜到流動攤販去買食品，尤其是不要在校門口的攤販買吃的東西，以保證飲食安全。

Who——什麼人去買？

家長要跟孩子講明，因為年齡小的原因，暫時不能單獨到離家遠的地方去購物，最好由家長或其他熟悉的大人陪同前往。當然，如果住家附近有商場、超市，則可以放手讓孩子自己去做。如果孩子能學會記帳，詳細記錄支出的內容最好，若花錢得當，還可以考慮酌情給予獎勵。

專家建議：給零用錢要有節制

教育專家指出，不論家庭經濟條件如何，父母在給孩子零用錢時，一定要有節制，不可隨意多給，也不要有求必應，要把錢的數量控制在孩子有能力支配的範圍之內。一般來說，從孩子一年級開始就可以給一點零用錢。最好的方法是每星期的同一天，給孩子同樣金額的錢，使孩子方便計算。隨著孩子年齡和責任心的增加，零用錢也可以逐步增加。當然，父母所給的錢應該比預計的要稍微多一些，這樣可以讓孩子在使用零用錢時有一定的靈活性。

不能讓孩子只買名牌

千萬不要賺多少花多少。

現在的孩子，在吃穿用上都追求名牌，不管品質如何，只要是名牌，只要價錢不菲，心裡面就覺得舒服，就覺得有面子。

下課時間，小倩和薇薇閒聊：

「你穿新鞋了！是什麼牌子的？」小倩問。

「NIKE的」。薇薇不自覺地抬了抬腳，有些得意。

「噢，不錯耶。那你的新衣服呢？」小倩又問道。

「Kappa的。」

……

如果你經常行走在校園，對這樣的談話內容就不會吃驚了。目前，學生之間互相攀比、追求名牌已經成為不容忽視的一種社會現象。有許多孩子在父母的嬌慣下，養成了說一不二的霸道性格，只要他喜歡，不管價錢有多貴，非得讓父母買。在他們看來，只有那些價格不菲的東西，才是真正有品質的東西，用起來才夠氣派。其實這是一種錯誤的消費觀，家長必須重視。

甘迺迪總統（John F. Kennedy）是美國最年輕有為的總統之一，其成功的重要因素之一就是他的父親約瑟夫（Joseph Patrick "Joe" Kennedy）對他的良好教育。約瑟夫是美國最大的五位企業家之一，先後擔任過美國證券交易委員會主席和駐英大使。他雖然富有，但十分注重對教育孩子節儉，從不讓孩子隨意花錢，並且嚴格控制他們的零用錢。甘迺迪當選總統後，報紙上公布了他在十歲時向父親遞交的一張申請書，他請求父親將他每月的零用錢由四美分提到六美分，但被父親拒絕。

沒有父母不愛孩子，但對孩子的關愛不等於讓他們隨便花錢。甘迺迪總統的故事有個道理：不是不可以談錢，關鍵在於以什麼方式、什麼途徑來談錢，怎樣讓孩子學會理智地消費。

一位猶太富商說過：「猶太人遵守的發財原則，就是不要讓自己的支出超過自己的收入，如果支出超過收入就是不正常的現象，更談不上發財致富了。」很顯然，沒有理智的消費，就永遠不會積聚財富。

還有一些孩子之所以追求名牌，不僅僅是因為家庭經濟條件優越，而是因為他們在某些方面比不上其他人，像是學習成績不盡人意，於是他們企圖利用物質方面的超越來達到心理平衡。如果從小就用這樣的方式來平衡，只會導致孩子的心理越來越脆弱，很難應付日後成長道路上的挫折。

種種事實都證明了應該對孩子進行消費教育。不要害怕和孩子談錢，只要孩子在社會上生存，就必然要與錢打交道，當孩子手裡有了錢，你就應該指導孩子理性消費。讓孩子懂得錢是怎樣賺的以及怎樣合理地花錢，需要實踐，也需要積極的態度。

專家建議：讓孩子儘早了解消費常識

針對不同年齡的兒童，教育專家提出了他們應了解的消費常識：

一到三歲能辨別不同硬幣和紙幣的面額；

四歲懂得不能見什麼買什麼。

五歲知道錢是怎麼來的。

六歲能對不同面額的錢有概念。

七歲能學會看簡單的價目表。

八歲能知道把錢存進儲蓄帳戶上。
九歲能自己安排簡單的一週開銷計畫。
十歲懂得節省的意義。
十一歲知道從電視中廣告要理性看待。
十二歲懂得正確使用銀行業務中的常用術語。

難以抵擋的奢侈風

我們真正需要的東西極少。「需要」大多是我們為奢侈提出的藉口。

——博多．沙弗（Bodo Schäfer）

目前，兒童奢侈消費的趨勢越來越明顯，打開孩子們的書包，高級文具、玩具早已見怪不怪。家長們一方面抱怨難以承擔，一方面卻又甘願大把大把地掏錢。

兒童節前夕，在各大商場或玩具、兒童用品專賣店，人滿為患，很多父母在給孩子購買高級的名牌衣服。一位孩子家長說：「現在孩子物質方面的比較風氣很嚴重，非名牌不穿、非國外來的服裝不買，奢侈消費程度令人吃驚。」

在一家兒童用品專賣店裡，一位正在「NIKE」櫃檯前為孩子選購運動鞋的媽媽說，兒子現在讀小學六年級，從前給他買五百到一千元一雙的鞋子，他就已經很開心了。現在一到添購衣物、文具時，他就會說同學們都穿名牌、用名牌。沒辦法，為了滿足孩子，這次兒童節，只好給他「加碼」了，而且他對各種名牌如數家珍，運動服要「愛迪達斯(adidas)」，鞋子要「NIKE」，文具要全套的uni零點三八……

出現這樣的情況，錯不在孩子一人身上。「孩子不是天生的『花錢機器』，兒童高消費和消費奢侈化，並非一天兩天造成的。這種消費心理是受家長和社會影響的。兒童高消費的現象，反映出許多成人社會存在的問題。」在兒童權益基金會工作的劉小姐分析說。

我們都知道，家長是孩子的啟蒙老師。兒童的成長受各種因素的影響，周圍環境的影響不容忽視。如果一個家庭的家長消費觀念不健康，兒童消費的成人化、奢侈化的趨勢就越明顯。一些家長為表現自己的優越，喜歡用各種名牌用品來「武裝」自己，而喜歡模仿、自制力比較弱的孩子，就會在這種比較風氣的影響下，漸生虛榮心。

另外，社會消費大環境也影響孩子們的消費心理。一到特定節日，在經濟利益的驅使下，一些商家便想方設法在廣告和促銷活動中抓住孩子和家長的眼球。各類新款的玩具、時尚的服裝等等，都成為讓孩子欲罷不能的誘惑。

一直注意培養女兒養成節儉習慣和行為能力的方小姐認為，錯誤的消費觀念影響著孩子的成長，如果任其發展，孩子就算有好的讀書成績，也未必會真正成才。她認為，要特別注意孩子的金錢教育，慎重對待孩子的消費要求，防止他們養成虛榮、比較的心理和作風。父母要以身作則，為孩子建立榜樣，引導孩子的消費心理，克服他們在消費中的自我中心意識，培養其獨立生存能力。

專家建議：引導孩子正確消費

1　告訴孩子名牌商品與普通商品的價格區別，引導孩子合理消費。

2　讓孩子做力所能及的事情，讓他們體驗父母賺錢的不易，珍惜父母給的生活，不鋪張浪費，不相互比較。

對物質寶貝說「不」

我們是沒有可能一下子把所有想要的東西都買齊的。

——李嘉誠

「我過生日的時候要給我買變形金剛喔！」

「我這次考試得了一百分，你買一個能過山洞的火車獎勵我吧！」

「小玲的阿姨送給她一個能換衣服的芭比娃娃，我也想要！」

「我的書包不好看了，給我買一個米奇的書包吧！」

「我……」

……

面對孩子毫無節制的索求，你能滿足多少？很多家長對孩子的「慾壑難填」表現出極大的無奈。兒童對金錢的價值觀，主要來自家庭的影響。你的理財習慣和思維，對子女潛移默化，影響深遠。

理財的核心是對錢的理性思維，簡言之就是懂得管理財富，懂得讓財富為自己的現在和未來帶來快樂，有長遠的規劃。如果你在理財方面不能務實、理性，即使沒有明確表現出來，也會漸漸影響到孩子的金錢觀。所以，教育孩子的前提是父母自己的財商也要足夠。

有的家長對財務沒有多加規劃，習慣隨心所欲地購物，在給孩子零用錢方面，即使說好了一定的金額，也不能嚴格執行，一高興就多給。久而久之，孩子在家長的潛移默化下也會漸漸變成小購物狂，變得越來越物質。

英國最新公布的報告表示，英國的孩子們正「淹沒」在鋪天蓋地的廣告和商品中。不良文化正蠶食兒童心靈，讓孩子們的童年變得越來越商業化。嚴重的物質化導致的結果是，在英國，每十名三歲的孩子裡，有七個孩子認識麥當勞的商標，卻不知道自己姓什麼。而十歲左右的孩子能夠認識三百至四百個品牌，這個數字可能是他們認識的野生鳥類的二十倍。

其實，孩子的世界很簡單，只要家長正確引導，他們很快就會改掉「貪婪」的毛病。如果你的孩子也有物質化的傾向，不妨試試以下幾招：

1　為寶貝列一張「願望清單」

「媽媽，我要……」佳妮的要求一向如此直接而簡單，不過，媽媽總能從容應對：「孩子乖乖，先把你要的東西畫在你的『願望清單』上。」四歲的佳妮還不會寫字，她想要什麼，媽媽總是先讓她畫出來。有了這個「緩衝」的時間，佳妮的願望就不那麼急切了。到了空閒的時間，媽媽就會帶著佳妮，拿上她的「願望清單」去購物。

有了這張「願望清單」，佳妮的購物要求就不會「層出不窮」。媽媽還耐心地教她看價格標籤，告訴她不需要的東西就不買，節省下來的錢還可以買別的東西。過了幾個月，佳妮「願望清單」上的圖畫減少了，她已經懂得了使用積蓄來購買單價更高的物品。

列一張「願望清單」雖然是抑制孩子一時貪欲的權宜之計，卻很有效。同時，你還應該教孩子合理的消費觀念。

2 讓寶貝做一回小主人

下週就是揚揚六歲的生日了，她想在披薩店慶祝自己的生日，因為她覺得那樣很風光。媽媽知道去披薩店慶祝要花很多錢，於是就和揚揚討論生日聚會的細節：「媽媽知道在披薩店慶祝生日一定很有意思，但和你最喜愛的人一起過生日，本身就很有意義。」接著，又告訴她，這次生日她可以自己做一回小主人，在家裡好好款待她的小客人。

生日聚會是孩子們最在乎的，他們總是希望自己的生日聚會可以像別的小朋友的一樣風光，此時，你應該及時制止孩子的虛榮心。這需要一些小技巧：

1 孩子如果喜歡戶外運動，帶他出門遊玩就是一種不錯的慶祝方式；

2 如果孩子喜歡動物，不妨邀請些小朋友一起去動物園，痛痛快快玩一次；

3 孩子稍大一些，你可以給他一個開支額度，讓他自己列預算：從邀請的朋友人數到生日聚會的整個過程，全由他做主，這可是教孩子理財的好機會啊！

一般來說，孩子是經由觀察成人的言行產生物質的欲望，他們認為，既然大人們可以想買什麼就買什麼，我為什麼不行？所以，你的消費習慣將直接影響到孩子的消費觀。培養孩子正確的消費觀，需要你以身作則。

專家建議：讓孩子更可愛

在很多孩子看來，最新、最好的玩具能讓他們更開心，並在夥伴中更有面子。其實，許多「物質寶貝」只是為了自己能在同伴中被接受，被喜歡，能成為團體中的一員。父母應該讓孩子知道，他所擁有的東西並不能決定他的能力和在同伴中的地位，學會和他人友好相處才是最重要的。你給孩子買多少玩具都無法滿足他的「物質欲望」，既然如此，改變他的「貪婪」習慣，才是上上之策。

五十塊錢的價值

盡可能多學一點關於錢的知識。

小孩子往往沒有錢與物關係的概念，你可以透過帶孩子購物的機會，教孩子做物品價格的比較。

有一天，媽媽帶莎莎去公園玩，途中，莎莎執意要買一盒二十塊錢的冰淇淋，媽媽耐心地對她說：「二十塊錢，我們可以買好多顆小番茄（十元）、一把四季豆（二十元）、一顆小圓白菜（二十塊），這些菜夠我們吃一頓健康的早餐了。」

從媽媽的比較中，莎莎恍然大悟：「原來五十塊錢可以買這麼多菜呀！」歪著頭想了一會兒，莎莎主動對媽媽說：「媽媽，我不要冰淇淋了！」

媽媽知道莎莎有些渴了，再加上天氣比較熱，就問她：「我們買便宜的冰棒好嗎？」

「好啊好啊！」莎莎高興地回答。

結果，媽媽僅花了十塊錢，就讓莎莎了解了五十塊錢的價值。

現在許多商品使用新奇誘人的行銷策略以及明星代言商品，孩子的眼前到處充斥著鼓勵消費的誘惑，孩子常常不是因為「需要」而購買這些物品，只是因為抵抗不了誘惑。培養孩子獨立思考的能力，讓孩子學會思考是否自己真的需要這些東西，分析購買這些物品對自己的必要性，避免孩子養成不合理消費的壞習慣等等，便成了家長義不容辭的責任。

當孩子買到自己想要或喜歡的物品時，你要教導孩子愛惜及保護自己的東西，避免遺失並小心使用，以延長物品的使用期限。此外，還要引導孩子養成量入為出和開源節流的消費概念，提醒孩子並非所有自己喜愛的東西，都要買回家中，而是要視自己的需求、經濟能力以及優先順序來決定是否需要購買。

專家建議：提高孩子辨別和分析事物的能力

面對鋪天蓋地的廣告宣傳和名目繁多的促銷活動，家長應該引導孩子做出符合自身情況的判斷和選擇；當孩子打算用自己手中的錢購物時，教導他要再三考慮購買的必要性，並且對商品的價格、品質等進行觀察與分析。成功的理財教育，在幫助孩子得到物超所值的商品的同時，還可以提高其分析和判斷的能力。

謹記「合理消費」

成功人士的基本條件之一就是量入為出的生活消費。

在法國，孩子三到四歲時，父母就會給他們安排一些「理財課程」，讓他們認識錢幣，明白金錢與購買之間的關係，學習簡單的「理財」。放假時，父母還會給孩子發一定金額的零用錢，並引導孩子進行合理的消費。他們認為，讓孩子早早擁有屬於自己的「私房錢」，有利於培養孩子經濟獨立。現在也有很多父母這樣做，但結果卻不盡如人意，孩子一旦有了錢，便開始盲目消費，比較心理也日漸高漲。特別是在春節時拿到金額不小的壓歲錢，很多孩子都會在短期內將其揮霍殆盡，買名牌衣服、玩具，請客聚會等等，花錢如流水。

這種情況讓無數家長陷入金錢教育的困境，究竟該如何引導孩子合理消費？

朋友之間為表達友誼互贈禮物，本來無可厚非，可菁菁的媽媽卻有些苦惱。事情是這樣的：

在得知好朋友小樺想提高英語聽力後，菁菁就一心一意想要送她一個 ipod 做聖誕禮物。平時，菁菁的父母就教育她對朋友要真誠，要懂得付出，但一個高中生要送這麼貴重的禮物，媽媽的心裡還是不太滿意。

雷雷的爸爸也很苦惱：

聖誕前夕，小雷雷興高采烈地宣布了自己心儀已久的聖誕禮物——一套模型玩具，望著兒子興奮的臉蛋，爸爸不忍拒絕。到商場一看，爸爸倒吸了一口涼氣，這套玩具的價格可以抵得上他三分之一的月薪……

一些家長對此表示：「我們也不想花這麼多錢給孩子買高級商品，但看到別的父母給孩子買這買那，而自己不買，心裡就覺得虧待了孩子。」這種心情可以理解，但引導孩子合理消費，也是刻不容緩的事實。如果你也有此心情，不妨從以下幾個方面做起：

1　孩子之間互贈禮物，家長要適當引導

人際交往離不開表達和溝通，孩子之間互贈禮物，確實是一種不錯的選擇，但究竟怎

樣的禮物才能最恰當地表達心意，卻是個問題。對此，你應使孩子明白以下兩點：

首先，禮物的昂貴與珍貴不成正比。

孩子的思維很單純，往往認為贈送的禮物越貴重，就越能表達朋友之間友誼的深厚。這種不成熟的思想，是導致孩子盲目選擇昂貴禮品的重要因素之一。作為家長，你要給予孩子一個正確的理念，讓他們知道，禮物的意義在於表達心意，而並非花錢的多少。自古不是就有「千里送鵝毛，禮輕情意重」的說法麼？有時候，一些切實的幫助，一件自己親手製作的小禮品，更能給對方帶來感動。

其次，昂貴的禮物會給對方帶來心理壓力。

一般情況下，一對朋友，如果一方感覺自己的付出得不到相應的回報，關係就會很難維持下去。相反，如果一方感覺自己得到的太多而無法回報，那麼這段關係同樣很難維繫。孩子們很難認識到這一點。你要讓孩子明白，贈送禮物是為了讓對方感覺到自己被重視和需要，而不是為了給對方增加負擔。

2　謹防孩子產生比較心理

孩子的「奢侈」固然與社會風氣、商家刻意炒作不無關係，但家長引導教育不當也難辭其咎。毫無節制地追求物質消費和相互比較，會助長孩子虛榮、貪圖享樂的壞習慣，形成不健康的價值取向和錯誤的消費觀念。為了避免這種情況發生，你需要注意以下兩條原則：

首先，掌握好為孩子消費的尺度。

為孩子的消費應該掌握有選擇、適度的原則。不加選擇地滿足孩子任何的消費要求，都容易使孩子養成鋪張浪費、缺乏節制的不良習慣。你為孩子的消費即是在告訴他，什麼是重要的，什麼是不重要的，這直接影響著孩子價值觀的形成。

其次，關注和引導孩子的消費傾向。

不斷增加的物欲和盲目攀比的心態，令孩子無暇顧及學習，一旦慾壑難填，就可能引發偷竊行為，近年來逐漸上升的青少年違法犯罪現象，大多與此相關。所以，引導孩子合理消費刻不容緩。

專家建議：訓練孩子有計畫地使用錢

在理財教育欠缺的家庭，大多是父母給多少孩子花多少，花完了再找大人要。結果是，孩子花錢越多越覺得不夠花，花起錢來也越沒有節制。教孩子如何使用零用錢，是讓孩子學會如何預算、節省和自己做出消費決定的重要方式。父母對孩子的監督檢查可以防止孩子亂花錢，培養孩子把錢用在刀口上的良好習慣。

制定零食節制計畫

沒有時間表，你的船永遠不會「靠岸」。

——愛迪生（Thomas Alva Edison）

小孩愛吃零食，似乎是天性。冰棒、雪糕、膨化食品、果凍、巧克力、優酪乳等等，五花八門的零食，常常令小孩垂涎欲滴。很多小孩對零食來者不拒，有多少可以「消滅」多少。不可否認，小孩的生長發育需要各種營養。在天然食品中，營養素含量豐富，只要家長合理調配，三餐配上適當的零食，可以滿足基本營養的需求。而零食呢？它所提供的能量和營養素比較單一，不能滿足孩子生長發育的正常需求。另外值得注意的是，對零食的偏愛，不僅直接妨礙孩子攝取主食，還會導致食慾下降。從市場調查的情況來看，許多小食品都添加色素、化學調味品和防腐劑，長期食用對孩子的健康有負面影響。因此，作為父母，讓小孩節制吃零食是非常必要的。

果果從小就是個小胖子，因為她太喜歡吃零食了。現在，果果已經是小學四年級的學生了，還是成天零食不離口。面對果果大大超標的體重，媽媽很苦惱。

最近一段日子，果果總說肚子不舒服，媽媽沒有太在意。一個週末，果果突然又開始肚子疼，疼得她齜牙咧嘴，滿頭大汗，媽媽見狀立刻帶她到醫院去檢查。經胃鏡和 X 光檢查，醫生說果果患了十二指腸潰瘍。

「不可能吧，這麼小的孩子怎麼會得這樣的病？」媽媽不解地問醫生。

醫生說，這幾年像果果這樣的病例並不罕見，他們大多有吃零食、挑食、偏食等不良習慣。一日三餐不能定時定量，餓的時候猛吃奶油蛋糕、冰淇淋等，最終導致胃病的形成。

聽了醫生的話，媽媽如夢初醒。

回到家中，媽媽立刻和果果共同制定節制零食的計畫。從減少果果的零用錢入手，媽媽刻意限制她買零食，除了日用品的錢果果可以自由使用之外，媽媽將以前果果每月要花掉的兩百多元都以果果的名義存進了銀行。一年下來，果果的存款達到了兩千多元，吃零食的壞毛病也徹底改掉了。

如果你家寶貝也像果果一樣，特別喜歡零食，那就試試以下方法吧：

1 從小培養孩子養成飲食定時定量的好習慣。

2 對孩子零食的供應適可而止，不滿足他們在零食方面過多的要求。

3 家長應以身作則，糾正偏食習慣，為孩子建立良好的榜樣。

專家建議：從零用錢入手，改掉壞毛病

1　父母幫助孩子改掉吃零食的壞習慣，要有決心、恆心和耐心。

2　在孩子零用錢的數量上，父母一定要嚴格控制。

親自體驗購物的樂趣

你要習慣「行動」，不能再停留於「空想」。

——愛迪生（Thomas Alva Edison）

有一次，小芸和媽媽一起參加一檔兒童節目，其中一個環節是關於買東西的知識問答。主持人問小芸：

「妳平時經常和媽媽去買東西嗎？」

「如果是週末的話，媽媽會帶上我。」小芸乖巧地回答。

「那妳知道在哪裡買魚嗎？」

「知道啊，超級市場裡就有。」

「那麼肉呢？」

「也在超級市場裡。」

「在哪裡能買到手錶呢？」

「百貨公司。」

「衣服在哪兒買呢？」

「百貨公司。」小芸的回答很乾脆。

「那什麼東西都在超級市場、百貨公司裡買嗎？」主持人笑著問她。

「是啊，那裡什麼都有的。」小芸不明白主持人為什麼要這麼問。

「那你還知道別的商店嗎？」

「嗯……」想了半天，小芸還是沒回答出來。

在小芸看來，平時媽媽買東西的地方，除了超級市場就是百貨公司。她跟媽媽一起去的時候，大部分要買的東西都可以在這些地方買到。所以小芸認定，買東西只要去這幾個地方就好了。

可是，當她在幼稚園裡和小朋友玩買賣東西的遊戲時，卻可以模仿賣魚的、賣菜的、賣書的、賣花的等等，可見，孩子們還是知道有這些商店的存在的。但話說回來，像書店、菜市場等地方，很多孩子只是知道，但根本沒去過，真正要準備購物，就只知道有超級市場和百貨公司了。孩子們的生活經驗太少，也代表父母帶他們買東西的範圍太窄，所以很多孩子都沒有經驗，進而對買賣東西只有觀念、片面的認知。

「我第一次自己買東西，是在孩子幼稚園大班的時候。那天，媽媽給我二十塊錢，讓我幫她去買鹽。我有些害怕，但經過媽媽的鼓勵，還是去了，結果買得很順利，媽媽還誇獎了我呢。」另一位參加節目的小朋友樂樂自豪地對主持人說。

「之後，我就時常讓他獨自去樓下買點醬油、醋之類的東西，並經常鼓勵他，還告訴他小店的老闆是不會欺負孩子的，找錯了錢也沒關係之類的話。到小學一年級時，他已經可以獨自去超市買一些簡單的小東西了。學會了買東西後，他花錢的欲望就開始變得強烈，這時，我就教育他要養成節儉的好習慣，並告訴他爸媽賺錢不容易。現在，我們會每週給他少量的零用錢，讓他自己安排，買些文具用品什麼的。」樂樂的媽媽說起自己對孩子的金錢教育，頗有心得。

事實上，孩子的知識和資訊都是從家長或老師那裡聽到和學到的。但是，如果孩子沒有得到知識和資訊源的「實際經驗」，就無法掌握知識和資訊，那麼再多的知識和資訊對他們都沒有用處。因此，你不僅要讓孩子知道和了解各種購物場所的情形，還要多讓他們去買東西，讓他們在實踐中鞏固和加深已經掌握的知識和資訊。

專家建議：加強孩子的實際經驗

1 刻意讓孩子去獨自買東西，使其累積充足的經驗。

2 讓孩子熟悉自己所居住的地區都有什麼樣的社會活動，給他們提供多元學習的機會。

揭開廣告的神祕面紗

不要把吸引客戶的商品賣給他們，要把將來會為他們帶來利益的商品賣給他們。

——松下幸之助

電視已經成為我們日常生活中不可缺少的一部分，電視廣告對青少年、兒童飲食行為的影響越來越大，許多孩子看過廣告後就要求父母購買廣告中的食物。如果這種食品由電影明星、歌星或球星做代言，效果會更明顯。一項調查顯示，經常看廣告的孩子，選擇甜食的比例要比沒看任何廣告的孩子高，經常看公益性廣告的孩子選擇甜食的平均數量明顯少於看普通廣告的孩子。

剛上小學一年級的燕燕，總是纏著媽媽給她買廣告中看來的東西，要這要那，沒有一天停過。有時候媽媽一拒絕，她立刻巧言反駁：「人家廣告上都說了，用了這個考試就能得一百分，我考不了一百分，就是因為你不買給我！」面對女兒的無理取鬧，媽媽無奈萬分。

如今的孩子們，生活在廣告的包圍之中，以獵奇的心理渴望擁有廣告中吸引他們眼球的物品。在孩子們的心目中，電視裡的一切都是對的，廣告裡那些小孩有的東西，我也一定要有。可以這麼說，氾濫成災的廣告影響了孩子正常的消費需求和正常的判斷能力。

有調查發現，在所有的電視廣告中，食品廣告占比百分之七十一，其中八成的食品營養價值低、營養不均衡。另外，在這些廣告中幾乎看不到關於合理飲食行為的內容。可以說，電視廣告對青少年、兒童的飲食行為，根本沒有正確指引，有的廣告甚至還會誤導孩子。因此，如何教會孩子發現廣告的錯誤資訊以及正確選擇食物，是家長應該關心的議題。

在生活中，我們可以深深地感受到廣告對孩子成長的影響。很多孩子喜歡看廣告，並且能夠對無數商品的廣告詞琅琅上口，張口就來。在缺少判斷力的孩子眼裡，那些色彩斑斕的廣告場景，那些耳熟能詳的廣告語，對他們有著天然的吸引力。

面對廣告帶來的負面影響，媒體人認為，廣告傳媒本身有自身的利益包含其中，往往不去考慮對青少年、兒童族群的影響。

專家建議：廣告不可輕信

1 父母要教育孩子，讓他懂得商品的廣告是說服人們購買的手段，不能作為評價商品好壞的標準。是否要購買這種商品，要看自己的實際需要和商品本身的品質。

2 當孩子可以自由使用自己的零用錢時，要告訴孩子，別人有的東西是別人的選擇，不應該成為自己購物的原因。

假冒商品與「火眼金睛」

做生意要講良心，要誠實經營，不能玩弄手段，要踏踏實實，對得起顧客。

——松下幸之助

馬上就是遙遙十二歲的生日了，媽媽答應送她一個 iPod 做生日禮物。恰逢週末，媽媽便帶上遙遙一起去電子產品專賣店挑選禮物，因為沒有遙遙喜歡的款式，媽媽又帶她來到了電子商場。果然，這裡的種類要比一般店面裡多好多，而且價錢也便宜一點。母女倆在一家小店老闆的不斷遊說下，決定買那款標價為兩千五百元的 iPod，媽媽不厭其煩地和老闆討價還價，最終以兩千一百元成交。

拿到漂亮新潮的 iPod，遙遙心裡高興得不得了。可是好景不長，才一個多月的時間，iPod 就出現了問題。沒辦法，媽媽只好帶著她再一次來到電子商場，找那家店的老闆問清楚。沒想到，當初熱情接待她們的老闆像完全變了個人似的，打死不承認這個出了問題的 iPod 是在他店裡買的。無論媽媽如何和他理論，都無濟於事。

於是，媽媽帶著她又來到了消費者基金會投訴這家店。接待人員聽完媽媽的敘述，拿過 iPod 一看，馬上就看出是山寨劣質產品。然後跟媽媽解釋，「妳看，這個產品包裝沒有出廠廠名、出廠廠址，連商標都是仿的，你們有發票嗎？」

「沒有。那天只想著和他討價還價了，根本就忘了發票這回事。」媽媽無奈地說道。

「沒有憑證，我們很難幫助妳。」接待人員說。

從基金會出來，母女倆滿心委屈地回到家中。

「不經一事，不長一智。就當我們花錢買個教訓吧。」媽媽勸遙遙不要再難過了。

這樣的事情時常發生，一旦不注意，便會落入不法商販的陷阱。因此，作為消費者，你一定要擦亮眼睛，謹防受騙，同時還要教會孩子如何辨別假冒商品。

作為消費者，在購買物品時應了解以下常識：

1．認明商標

優質產品都會有註冊商標並有案號。假冒商品通常使用與正牌產品相似的包裝圖案，為逃避法律制裁，通常不使用正品的註冊商標。消費者如不認清商標，就容易上當。因此，消費者在購買商品時，要養成觀察商品註冊商標的習慣。

2．注意包裝印刷品質

一般來說，正品包裝用料比較嚴謹，材質良好，包裝圖案印刷清晰，色彩飽和度高。而假冒商品多存在顏色不正，走形走版、圖案模糊、封口處不整齊、裝訂黏貼歪斜等現象。

3．注意包裝上的說明

所有商品都需要按照規定，在包裝上標明品名、廠名、廠址、規格型號、成分、重量、出廠日期等內容，而山寨商品則不標明上述內容，最常見的是沒有廠名、廠址，或只寫中國製造等。

4．注意選擇購物場所

大型中型商業公司，通常有較為嚴格的進貨管理制度，在這裡買到山寨商品的可能性比較小，即使出了問題也容易得到解決。而獨立賣家，特別是無照經營者出售的「正品」，假貨較多，消費者在購買時需格外注意。

專家建議：買東西時不可只貪圖便宜

1　告訴孩子在購物商品時要學會挑選，不要只貪圖便宜，忽略對商品性能的要求。

2　保留好交易憑證，最好請商家開立發票。

第4章　教導孩子零用錢該怎麼花

有些家長總是一味責怪孩子：怎麼用了這麼多錢？如果換一種說法：「怎麼這麼沒有花錢的規劃？」這就好多了。在允許的情況下，將每個月的零用錢一次性全給孩子，但如何花，由他們自己決定，培養他們的自律能力。

零用錢：「財務學習基金」

零用錢一定要給，不管做沒做家事。

很多孩子都有這樣的想法：

1 爸爸媽媽把我管得太死了，一點自由都沒有。

2 我想買個足球，不過媽媽肯定不會同意。

3 我想買一樣東西，這是我的祕密，不想讓爸媽知道，可是這樣的話，我就沒理由和他們要錢了。

4 我好希望老爸能給我買一雙籃球鞋，可我知道他不會答應我的。

5 我知道爸媽不是小氣，他們捨得為我花錢，也送了我好多禮物，可是有些東西太老土了，我一點都不喜歡。

……

以這樣的態度來對待零用錢，不能說是孩子的錯誤，只能是你教育的失敗。

有很多家長對孩子的零用錢「嚴防死守」，雖然會給孩子一些錢，但每天問個不停，卻又不知道為孩子制定消費和儲蓄計畫。有的家長則乾脆不給，孩子想買東西？得過了我這關才行！還有的家長恰好相反，給孩子零用錢十分隨意，孩子愛怎麼花就怎麼花，完全置之不理。這些態度都是不對的，正確的做法應該是借零用錢來為孩子上好理財第一課。

零用錢有多種別名：在英文中，零用錢叫做「口袋裡的錢」，甚至還有人把零用錢稱為孩子的「財務學習基金」。父母定期給孩子一些零用錢，對教育孩子正確使用金錢極有幫助。當孩子已經擁有了「自己」的錢，便會產生一種已經長大的感覺，這時，他就會開始學習為自己的行為負責，他知道一旦錢花掉，就要等到下週甚至下月才能有，所以在買東西時就會認真地考慮。雖然，一個幾歲的小孩面對琳琅滿目的商品很難做出正確判斷，但至少他已經明白，能否很好地運用好這筆零用錢，完全是由自己來決定的，這樣會無形中培養他的獨立精神。

西方的心理學家得出一個結論：孩子越早有屬於自己支配的零用錢，越能快速地適應成年後的生活。有資料表明，即使是很小的孩子，也會為自己有個小錢包而感到自豪。在國外，家長為幼小的孩子在銀行開設一個帳戶已經是很稀鬆平常的事情。美國有專家建議，三歲的孩子應該每週有三美元的零用錢，而六歲的孩子則可以有六美元。也有專家認為：不應該按年齡的增長給孩子增加零用錢，年齡與零用錢之間沒有必然的聯繫。給孩子增加零用錢，應該讓希望增加零用錢的孩子們自己列出零用錢的用途。

給孩子零用錢，需要講求方法。你給孩子多少零用錢，應該取決於下列三點：孩子的成長狀況、你的負擔能力、零用錢的用途。當然，還要參考一下周圍鄰居或朋友的孩子有多少零用錢，適當的時候，零用錢的多寡可以進行重新考慮。

專家建議：善用零用錢

1 事先跟孩子說清楚，如果這週用完零用錢，要等到下週才可再增值。

2 每次只替孩子的零用錢增值五十元。

3 萬一孩子的零用錢已經用完，但仍未到給零用錢的時間，父母只有每天給予現金作為孩子的交通費，但謹記不要再在此週內給予孩子額外的零用錢。

釐清給零用錢的目的

大人和孩子事先應取得一致意見：零用錢用在什麼地方。

釐清給零用錢的目的

君豪正在上幼稚園大班，他可是小朋友當中的「有錢人」，每天身上帶著將近五百元零用錢。「這是媽媽給我的，她說是為了預防萬一，如果保姆沒有準時來接我，或者發生別的什麼事，我可以自己坐計程車回家。」老師問起時，君豪這樣回答。

如今，不少學齡前的孩子身上都有金額不小的零用錢，你可能會認為，早點給孩子零用錢，是一種「財商教育」。實際上，給孩子零用錢並不等同於教他理財。

孩子不可能一夜之間就成為「理財小專家」，理財教育，不是一蹴可就的事情。在給孩子零用錢的時候，你需要講求原則，不能予取予求，而且金額也要合理。在這個問題上，你需要考慮一些因素，像是：孩子的年齡，自己的家庭生活狀況，零用錢的用處以及孩子本身的自制能力等。

年紀大一些的孩子，自我約束能力也相對較強，他們零用錢的金額相對來說可以多於普通孩子，但絕對不能太多。如果你想以買玩具或衣服的方式來拉近和孩子的關係，那就大錯特錯了。你一定要記住，給孩子錢的目的並不是讓孩子去炫耀家庭的經濟地位或解決生存之必需，而是要讓孩子學習如何使用和管理金錢，這是給零用錢的最重要的目的。

對於正在成長中的孩子們來說，學會正確理財，不僅僅是學會如何花錢，其中還包含了多方面的教育內容和多種能力的培養。

你不妨依照以下幾個步驟，嘗試用零用錢來培養孩子的理財觀念：

1 定期發放零用錢，並告訴孩子在下次發零用錢之前不可再要。

2 讓孩子養成記帳的習慣。家長可據此掌握孩子的消費傾向，萬一發現偏差，也可以及時糾正。

3 為孩子開一個獨立的銀行帳戶，逐漸讓孩子養成自覺儲蓄的習慣，避免過度消費。

4 當父母到銀行辦事或在家中整理家庭財務時，不妨讓孩子適當參與，親身體驗。

5 幫助孩子計算每個月的零用錢並製作時間表，建立孩子的理財目標及投資觀念。

在比利時，小孩子通常從八歲開始，每週就能從家長那裡得到零用錢了，但金額不多，多是幾枚硬幣。孩子們要想買到自己喜歡的東西，必須慢慢存。雖然每個家庭給孩子零用錢的標準不一，但家長們培養孩子節儉思考的原則是一致的，即不會給孩子額外的「補貼」，他們必須有計畫地使用自己的零用錢。

據悉，比利時百分之八十五的未成年人都可以從父母那裡得到固定的零用錢，大部分孩子拿到錢後會先存入銀行，留待以後買自己想要的東西，只有百分之六的孩子會把零錢直接花掉。比利時的大部分孩子才從小就養成了節儉的好習慣，他們很少隨便買東西，更不會在學校裡互相比較。

專家建議：零用錢並非多多益善

家長要根據家庭的實際情況和孩子的實際需要來制定零用錢標準，不能一味地給，更不該給孩子買大量禮物、品牌服裝和時尚用品。錢來得太容易，對孩子們來說並不是件好事，它不僅會造成孩子自命不凡和不合群的性格，還會使他們缺乏自立能力和吃苦耐勞的精神，給他們將來的生活帶來不利影響。

零用錢，怎麼給

給多少，應合乎情理，孩子長大花費項目會變多，需要的錢也應增加。

孩子開始得到零用錢之後，最常出現的一個問題就是，突然變得「唯利是圖」，爸爸口袋裡掉出一塊錢，他硬是要占為己有；讓他幫忙掃掃地，他要收費十元；請他倒杯水，他也要認真地和你討價還價……

其實，孩子出現這些問題，是很正常的。因為，他剛接觸了金錢的一面，還沒有學習其他的面向。而這些問題的出現，正是幫助孩子了解金錢的其他面向的好時機。別人的錢不能占為己有，因為丟了錢的人會很著急；家裡的人互相幫忙是親情和愛的表示，不能用金錢來衡量。這些道理，都需要你在生活中一點一滴地告訴給孩子。

「小宇今年剛十歲，最近天天找我要零用錢，從幾塊到幾十塊不等，有時候甚至上百元。我和他爸還不能罵他，一說就耍脾氣，又哭又鬧的。這些零用錢，全被他用來買零食、打遊戲或買玩具了。」

聽完小宇媽媽的訴說後，教育專家教了她一招。

1　給孩子的零用錢要定期給，並且限定一定的額度，每月總零用錢不超過兩百五十元。如何花這些錢，要孩子有計畫，不得超支。這樣可以培養孩子量入為出的習慣。

2　在孩子花錢時，明確規定使用這些錢的範圍，只准在買文具用品，或幫助困難同學，少買零食。並且，幫助孩子建立使用零用錢的明細帳本，這樣能使孩子養成合理消費的好習慣。

3　定期檢查孩子零用錢的去向，發現使用不當的地方，及時指出，幫助孩子改正。

聽完教育專家的分析和建議，媽媽回家後立刻和小宇「約法三章」，對他的零用錢進行嚴格管理和合理引導。開始小宇很不習慣，時間長了便漸漸不亂用零用錢了，甚至每月還略有結餘。

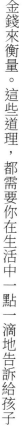

現在，有很多家長為是否給孩子零用錢而舉棋不定，其實問題不是該不該給零用錢，而是零用錢怎麼給。有的家長把零用錢作為對孩子的一種獎勵，以此來左右孩子的行為；有的則因為家庭條件比較寬裕，孩子要多少就給多少；也有的家長則因為平時沒有時間照顧孩子，把孩子的零用錢作為一種心理補償，一出手就是幾百甚至上千。這樣的零用錢到孩子手中以後，因為沒有具體的使用目標，所以孩子用起來既不知道節制又盲目。

總之，孩子的零用錢不能不給，也不可給得太多。而且更重要的是，在給孩子發放零用錢時，你一定要講明用途，讓孩子自行計畫使用，正確使用，從小培養孩子良好的理財觀念以及勤儉節省的優良作風。

專家建議：給零用錢兩大原則

孩子在幼兒階段初步建立金錢概念後，進入小學，父母開始給予孩子日常的零用錢，此時，父母定要堅守和實踐以下兩大原則：

1　應根據需求給予金額

根據孩子實際消費需求給孩子發放零用錢，千萬不要給孩子太多，否則難以幫助孩子培養節制和自律用錢的理財習慣。

2　每日給予零用錢

在孩子尚未具備自制能力和鑒別能力時，不要一次給孩子過多的零用錢，否則他們會很快便花光。

隨便的家長們

零用錢應按週按日給較小年紀的兒童，對進入青少年的孩子應按月給。

「你卡裡有多少錢？」小明問小麗。

「一萬多吧，你呢？」

「也不多，不到兩萬。」

小明和小麗同是小學三年級的學生，聽到他們這樣的對話，你驚訝嗎？

目前，隨著持有金融卡的學生數量不斷上升，學生之間比較存款的現象也漸漸發生，有的學生甚至拿著存有二十五萬元的金融卡到學校炫耀。

下課後，林老師班上一個男生悄悄地問她：

「老師，你金融卡裡有十萬塊錢嗎？」

「那你銀行裡有多少錢呢？」林老師不知學生是什麼意思，就反問了一句。

結果，男生的回答讓林老師大吃一驚，「我有二十五萬呢！」男生有些得意，還拿出了自己的那張金融卡在手裡晃了晃。

據調查，學生存款數額大多在一萬元以下。學生比較銀行存款的現象卻層出不窮，不少學生都能說出班裡的幾個「小土豪」。學生金融卡裡的存款大多源於過年收到的壓歲錢，也有一部分學生的存款是父母平時給的零用錢。六年級學生童童說：「老爸平時工作忙，沒空管我，他都是每月直接匯錢到我的卡裡。」

這種情況確實讓人擔憂。家長給孩子辦理金融卡的初衷可能是好的，讓孩子從小建立理財意識。可是這種不加引導的存款卻誤導了孩子，不利於孩子建立正確的金錢觀，也會危害他們身心的健康成長。

不少家長對孩子在經濟方面的要求百依百順。經濟寬餘的家庭暫且不說，就連很多經濟拮据的家庭，家長也勒緊褲帶，甚至東挪西借來滿足孩子的各種需求，以適應互相比較的消費風氣。不少父母對孩子的零用錢普遍表現很「大方」，予取予求。這種隨意的做法使得一些中、小學生上下學搭計程車、花錢雇人寫作業、做值日生，更有甚者，在考試時竟然花錢雇人代考。很顯然，這是由於家長對孩子無限制的溺愛、嬌慣，尤其是經濟上的放任所造成的。

而在一些西方國家的家庭，狀況完全不同。他們的經濟條件通常不差，但他們對孩子的零用錢都有嚴格的要求和規定。

德國的家長給孩子零用錢的原則是：定期發給，發多少會根據孩子的年齡和家庭收入的實際情況而定。如果孩子需預支某些「必需品」時，家長會斷然拒絕，其良苦用心是培養孩子的節省觀念。

在孩子的零用錢發放上，美國家長表現得更為「苛刻」。據調查，美國百分之五十四的青少年學生沒有零用錢，而且年齡越大越不可能拿到零用錢，約百分之六十八的受訪青少年學生以打零工賺取零用錢。

洛克斐勒（John Davison Rockefeller）是世界上第一個擁有十億美元財產的大富翁，但他卻嚴格控制子女的零用錢。他家帳本扉頁上印著孩子零用錢的規定：七至八歲每週三十美分；十一到十二歲每週一美元；十二歲以上每週三美元。零用錢每週發放一次，要求子女們記清每一筆支出，待下次領錢時給父親檢查。洛克斐勒認為，「過多的財富會給自己的子孫帶來災難」。

高額的零用錢並不能表現出你對孩子的關愛，相反，還會導致孩子盲目崇拜金錢，甚至因為過度追求金錢而誤入歧途。隨便的家長們，請謹慎你們給孩子的零用錢。

專家建議：教孩子正確使用零用錢

教孩子正確使用零用錢，是讓孩子學會如何列預算、節省和自己做出消費決定的重要教育方法。父母盡可能將孩子的零用錢數量控制在與他的同儕差不多的水準上，孩子對零用錢可以全權支配，但當孩子因使用不當而犯錯時，父母不要輕易幫助他們度過難關。只有如此，孩子才能懂得過度消費所帶來的嚴重後果，從而學會對自己的消費行為負責。

何時發零用錢最合適

孩子六七歲時開始給零用錢。

不同年齡的孩子對金錢、數字概念的認知有所不同，所以給孩子零用錢時，應先考慮孩子的成熟度及需要。

對五歲以下的孩子而言，零用錢的意義並不大，此階段，孩子的需求可由父母滿足；六歲左右的孩子，則可考慮給他小額零用錢，讓他學習金錢的運用及了解金錢的價值；對七八歲的孩子來說，金錢已具有意義，但他們還不懂得節制，面對這個階段的孩子，應該著重告訴他正確的金錢觀念。

通常，零用錢的需求與年齡是成正比的，年齡越小的孩子，擁有零用錢的金額也就越少，間隔時間也越短。

六、七歲的孩子，可以每天給他小額零用錢，而十歲左右的孩子，則可以一次給他多一點的零用錢，並每個星期或每兩個星期給他一次。

有兒童教育家認為：

給孩子零用錢的問題一定要根據孩子的性格處理。一個做事情比較有計畫的孩子，即使才上小學一年級，也能善用自己的零用錢。而通常，到了小學四年級才給零用錢比較好。因為讀到小學四年級的孩子，已經有了一定的忍耐力，他們會把得到的零用錢存起來，準備買自己喜歡的東西，他們有一定的自我克制能力，不會隨便花錢。

不過，事實並不總是如此。有些小朋友雖然上了四年級，但還是不會有計畫地用錢；或者他們也試著做過一些用錢計畫，但難以長久堅持下去；還有一些孩子，因為無法克制眼前高級玩具、名牌衣服的誘惑，會將手裡的零用錢一下子用盡。

若是這樣，即使是四年級的小朋友，也不能把零用錢交給他隨意使用。

你可以試著讓孩子同意把零用錢先存在你那裡，當他需要用錢時，把需要的金額寫在帳簿上，然後跟你要。用這樣的方式，可以慢慢地教導孩子使用金錢的方法，還可以讓他感受存、取錢的樂趣。

現在的家長對孩子寵愛有加，只要經濟允許，父母多半都會主動買許多玩具給孩子。玩具不能無限制地買，也不能一個不買。如果孩子長時間渴望得到一件東西，卻因為總是得不到而出現心靈飢餓狀態，也不利於身心的健康成長。

給零用錢並不是對孩子的嬌寵，這和用在其他領域裡的金錢一樣，只要有正確的價值觀的支撐，就不會產生負面影響。

專家建議：讓孩子在使用零用錢的過程中建立正確的價值觀

讓孩子支配、使用零用錢，既可以培養孩子的數字概念，還可以培養獨立自主，並使孩子從使用零用錢的過程中，建立起正確價值觀。沒有使用金錢經驗的孩子，會表現出缺乏自制、慣於依賴的情況。對孩子有求必應的家長，容易使孩子養成揮霍無度的習性；而嚴格約束孩子用錢的家長，則可能教育出一個性情拘謹、行為保守、缺乏獨立能力的孩子。因此，無論孩子年齡是大是小，無論零用錢是多是少，家長要記住：從小培養孩子節省開支、合理消費、隨時儲蓄的概念。

該給多少零用錢

給多少零用錢的金額確定以後，不應因為孩子把錢花光了另外再給錢。

警察在一處社區內發現了「金融、信用卡折現」的詐騙宣傳單，經過觀察，發現前來兌換的大部分是未成年人。

一日，當這個集團與一名男孩交易時，被警察當場逮捕。這名來兌換金融卡的男孩今年十七歲，他說：「我喜歡上網，但是平時爸媽給的零用錢根本就不夠花。一次，我無意中看到了這種可以『換錢』的小廣告，便主動提出跟著媽媽去領錢，趁機記下了金融卡密碼，然後和他們取得聯絡，以七折的比例將卡內的錢換出來。」

很多父母都有這樣的困惑：零用錢給多少才好？其實這沒有標準。如果有人和你說：「你覺得給多少好，那就給多少。」你會不會覺得這是句廢話？其實這話並不錯，這條原則是要讓你根據自己的價值觀和承受能力來給孩子零用錢，並限制他把零用錢花在什麼地方。在有些家庭中，一個十歲的孩子一個月得到兩百五十元零用錢是合適的，而對於另外一個家庭來說，或許五百元才合適。你沒有必要與鄰居在給孩子的零用錢多寡上比較，但你確實需要將他們的零用錢金額列入考慮範圍，因為你的孩子一定知道他的朋友一個月有多少零用錢。另外，你也許認為一個十歲的孩子在學校裡的開銷應該從他的零用錢中支出，而別的父母則認為：孩子在學校的開銷應該由父母承擔，而不是從他們的零用錢中支出。

因此，確定零用錢的標準是個循序漸進的過程，作為家長，你應該與孩子商量、溝通，以家庭經濟能力為基準，並花時間計算一下孩子一個月的開銷，給出一個固定的金額。對年齡較小的孩子，可以嘗試性地少給一些，並要求他及時回報花錢的情況。

零用錢的標準可以由許多原因決定，其中最重要的是你的價值觀、零用錢包含的用途和孩子的年齡。以下是確定零用錢標準的幾種方法。有一些是死板的公式，如：零用錢應該等於孩子的年齡；八歲的孩子每週零用錢應該是八美元。然而在很多人看來，最好的方法是事先確定花費的專案，然後開誠布公地和孩子商量。像是，在去商場前，你規定孩子只能買一樣玩具。如果孩子還有其他要求，那麼就要事先確定由誰來買單。是用家長的錢，還是用孩子的零用錢？很顯然，答案會影響到孩子零用錢的金額。最好的解決方法就是找到一個中間點，既不會傷害孩子的感情，又不會讓他胡亂花錢。

隨著孩子的成長，零用錢可花費的地方也就越來越多。孩子到了十二歲，你就可以試著把買衣服的支出包含在零用錢內。如果你給孩子一筆固定數量但又很合情理的錢讓他來買衣服，他就有機會對衣服做出自己的選擇，當然，你可以事先設定一個合適的服裝費標準。這樣，假如孩子執意想買一件昂貴的衣服，他就需要從零用錢中支出一部分來結帳。這樣他就會明白，其實有些消費是不必要的。

很多孩子往往還不到一週的時間，他就把一個月的零用錢都花完了，不要擔心，其實這就是學會制定預算的開始。你可以幫他們籌畫下次如何能讓零用錢堅持的時間長一些，但千萬別一時心軟用「錢」去救他。只有這樣，孩子才能學會如何有節制有計畫地花錢。

專家建議：零用錢不可無計畫地發放

1　不要無計畫地給孩子錢，定期發給孩子一份具有特定用途（如買文具用品、參考書等）的固定數量「基金」，另外可給孩子一些由他自由使用的零用錢。

2　約束孩子的花錢行為，使其消費習慣符合家庭價值觀。

給孩子零用錢的技巧

絕不可用「停給零用錢的辦法」作為管教方式或影響兒童行為的辦法。

一般來說，家長給孩子零用錢的方式通常有這麼幾種：

1　毫無計畫型

平常並不給孩子固定的零用錢，只是在孩子請求家長給錢時，家長才無計畫地給孩子一些零用錢。這種不規律的方式，使孩子無法學會如何進行預算，不能教會他們如何理財。

2　苛刻條件型

定期發給孩子一些零用錢，但有一定的附加條件。一旦孩子違背了規定的條件，作為對孩子的懲罰，家長要把發給孩子的零用錢收回。這種做法使孩子把遵守約定當作取得金錢的一種途徑，而缺乏應有的責任心。

3　合理發放型

給孩子定期支付不加任何條件的、固定數量的零用錢。這種方式有利於幫助孩子學會如何進行預算，但不能讓孩子了解勞動與報酬之間的聯繫。

其實，以上幾種方式都不盡合理，最好的方法是將這幾種方式結合起來：

1　定期發放

定期發給孩子一份用於基本需求的固定數量的零用錢，另加一些可由他們自由花費的零用錢。在發放的同時，家長要明確告訴孩子，這份零用錢是他作為家庭的一個成員所分到的家庭收入，同時要求孩子應承擔一定的家庭責任。

2　避免「罰款」

如果孩子有錯誤的行為，父母可以採取相應的教育措施，而不應削減孩子的零用錢。

3　彈性處理

當孩子需要較多的錢去完成想做的事時，家長在確認其合理的前提下，可以給予一定的幫助——或預支零用錢，或指導孩子以額外勞動獲得報酬。

4　報酬義務要分清

家長在給孩子零用錢時，切忌與孩子的學習成績和家事聯繫起來。孩子做點家事是正常的，這既能培養他們的家事習慣，也能教育他們為家庭成員應盡的義務。如果單純地聯繫家事與零用錢，只會扭曲正常的家庭關係，扭曲家庭勞動的意義。

5　避免金錢獎勵

零用錢不能用在獎勵孩子考試成績上，用金錢作為物質刺激，有礙於培養孩子良好的學習態度和正確的金錢觀。

此外，在給孩子零用錢時，你還應該注意：零用錢應該定期、準時地發到孩子手中。零用錢的金額應基於你期望孩子用它做些什麼來定，同時也應考慮到孩子的年齡以及家庭的經濟狀況。你與其他長輩給孩子零用錢的態度和立場要基本保持一致，不要重複、無節制地給孩子零用錢。給孩子零用錢時應該與理財教育結合，教會孩子如何合理運用自己的零用錢，幫助孩子成為理性的消費者。

專家建議：父母給孩子零用錢的「八不」原則

1 不要養成孩子隨意用錢、有求必應的壞習慣。
2 不要以金錢作為獎勵或懲罰孩子的工具。
3 不要讓孩子有借錢和欠債的惡習。
4 不要依照自己的情感隨意增減孩子的零用錢。
5 不要瞞著一方，用錢來討好、賄賂孩子。
6 不要在孩子面前宣揚拜金主義。
7 不要引導孩子高消費或奢侈。
8 不要讓孩子的零用錢超過家庭負荷。

任意花，還是嚴格控制？

應該允許孩子自己決定怎樣花他的零用錢。

擁有「鉅額」零用錢的孩子，究竟如何使用自己的零用錢？父母對此又是什麼樣的態度呢？下面，我們來看看小雨同學是如何使用她的零用錢的。

小雨正在上小學五年級，父母都在經商，家庭經濟狀況相當不錯。因此，小雨每月都會得到一份多得令同學咋舌的零用錢。每天午休的時候，她都會到合作社買回一堆零食，薯片、可樂、巧克力、冰淇淋，應有盡有。每到週末，她就在保姆的陪伴下去商場購物，高級玩具、各種品牌衣服以及包裝精美的食品常常堆滿了她的購物車。小小年紀的她對各種時尚品牌瞭若指掌，在她看來，零用錢就應該是這麼花的，完全不需要計畫，因為錢不夠用的時候，只要和爸爸說一聲就好了。

像小雨這樣的情況，已成為不容忽視的問題。如何引導孩子認識金錢、管理錢財，並建立正確的價值觀念，是現代父母面臨的嚴峻挑戰之一。

各式各樣的膨化食品嚴重危害著孩子的身體健康，孩子在這些包裝精美的食品面前是缺乏抵制力的。作為父母，你需要採取一定的防禦措施，預先和孩子約定好，不能用零用錢來買那些對身體有影響的零食。對孩子百依百順，孩子是無法體會真正的用錢之道的。

還有一部分父母恰好與小雨的父母相反，他們對孩子的零用錢加以非常嚴格的控制。在他們看來，孩子一有錢就容易變壞，於是嚴格控制孩子的零用錢，以為這樣就能導正孩子的消費觀和金錢觀，就能萬無一失。其實，這是一種落後的教育觀念，這樣做對孩子的成長沒有好處。

正確的做法應該是，引導孩子逐步掌握管理金錢的能力，讓他們從小就養成正確的金錢觀。如果孩子長大一些，可以試著讓他們參加一些志工或者打工，讓他們體會父母賺錢的辛苦，並且讓他們享有對自己零用錢的支配權。

專家建議：不要給孩子的零用錢加上太多規定

在孩子支配零用錢的過程中，原則上應由孩子自己決定零用錢的用途，不要硬性規定這些東西你應該買，那些東西不該買。應該培養孩子的判斷能力，否則會使其喪失主體性，長大後易形成依賴性人格。

指導花錢：從「扶」到「放」

採用辦法前向小孩說明辦法。

當孩子擁有了一定金額的零用錢後，你該以什麼樣的態度來對待孩子的零用錢問題呢？

「小輝還在讀小學的時候，同學中風靡玩具賽車，未滿十歲的他竟私自將存錢筒中的五百多塊零用錢全部拿出來，去商店買回一輛高級賽車……從此，我們對他的零用錢嚴控起來。但是，意想不到的事情發生了。或許是近兩三年來對他的管束過嚴，現在小輝的消費觀出現了另一極端，有時學校校外教學，給他一些零用錢，結果他分文未花；學校辦理愛心捐款活動，他總要猶豫再三，最終只捐出很少的錢。」

這位母親面對如此「吝嗇」的兒子，一籌莫展。

其實，在引導孩子使用零用錢，應該有一個從「扶」到「放」的過程。首先，不能在經濟上放縱孩子，要從小培養他們勤儉節省的良好習慣；其次，要教會他們如何消費與分配零用錢，掌握一些基本的經濟知識，要做到「收放自如」。

芳芳只有四歲的時候，媽媽就開始讓她學著買東西了。剛開始的時候，芳芳總是要在媽媽遠遠的注視下、拿了剛剛好的錢才肯去買。真正自己開始買東西，是在上了小學以後。學會十以內的加減法後，媽媽便開始讓她到社區裡的超市、小店裡自己買文具或一些小零食。偶爾她也會忘了找錢回來，但幾次之後，她就不再犯同樣的錯誤了。

除了訓練孩子獨立買東西的能力，你還應該教給孩子一些買東西的技巧。像是，

1 在領著孩子逛超市的過程中，可以引導孩子比較同類商品的價格和品質，讓孩子懂得「貨比三家」的道理。

2 告訴孩子，在商家做促銷活動的時候，通常能夠以較少的錢買到較多更高品質的物品。

在不斷的實踐中，孩子會漸漸掌握一些花錢的技巧，對零用錢的使用不再盲目。不過，有些孩子的自制能力比較差，口袋裡有錢的時候，總忍不住要花光，買一些沒必要買的東西。因此，即使孩子學會了獨立用錢，你也不能就此放任不管，要教孩子學會制定詳細的購物計畫，把每一筆帳都記清楚，在發現問題時，要及時給予適當的指導。

專家建議：零用錢要「扶」，也要「放」

1 「扶」的意思是要教會孩子合理用錢，當月的零用錢沒有用完時，鼓勵孩子把錢存

起來，等積到一定金額時，可以買比較貴重的東西。

2「放」的意思是在一定時期可以讓孩子自己買東西，對孩子正確的決定要給予適當的鼓勵和讚賞。

第5章　讓孩子學會利用壓歲錢

以孩子的名義在銀行開個戶頭，讓孩子把壓歲錢存入銀行，到需要時再取。這樣既能讓孩子將壓歲錢存起來供日後使用，又可以監督孩子日後的消費。

什麼是壓歲錢

你給孩子錢時，要讓他們把一部分錢存起來。要教會孩子存錢。

每逢春節，孩子們都會收到金額不菲的壓歲錢，但壓歲錢到底是怎麼來的，卻很少有孩子知道。有的孩子說，壓歲錢是爺爺省吃儉用存下來的；有的說，是媽媽上班賺來的；有的說，是爸爸每天加班，很晚回家賺來的……

長輩給小孩壓歲錢，是過年的一種習俗。壓歲錢代表的是大人對孩子未來的祝福，它所注重的是金錢背後的寓意，但如今壓歲錢動輒幾百幾千甚至上萬，人們越來越注重金錢本身，其背後的寓意反而被模糊了。

在壓歲錢的誘惑下，很多孩子形成成人化的消費傾向。盲目跟風的超齡消費習慣，久而久之造成這些孩子消費心理的錯誤發展，不僅會干擾他們的唸書、生活，還容易使他們養成互相比較、愛慕虛榮的不良習慣。因此，引導孩子正確使用壓歲錢，是家長和老師義不容辭的責任。

在一次以「壓歲錢」為主題的班會中，老師為孩子們介紹了壓歲錢的來歷以及如何正確使用壓歲錢，隨後問道：收到壓歲錢就是收到了長輩的祝福，那麼我們應該對長輩說些什麼呢？

孩子們七嘴八舌地說開了：

「我要祝爺爺奶奶健康長壽。」

「我要謝謝爸爸媽媽。」

「我想說爸爸媽媽辛苦了。」

……

孩子們真摯的祝福，讓老師備受感動。

對於兒童來說，他們對長輩給壓歲錢的過程要比對錢本身更感興趣，這時，你應教育孩子感謝長輩的祝福，這種感謝雖然簡單，卻表現出對孩子的禮貌修養。

隨著年齡的增長，孩子對錢有了新的認識和了解，知道了錢的用途，這時你在教育孩子感謝長輩的同時，還要告訴孩子，錢是長輩付出辛苦汗水的成果，壓歲錢金額的多寡與長輩的愛沒有關係，不能用金錢來衡量長輩對自己的期望和祝福。此外，還要告訴孩子一些壓歲錢的用途，像是可以買生活用品、文具用具、圖書和玩具等等，讓孩子知道壓歲錢不能用來亂買東西，從小養成節儉的好習慣。

在壓歲錢的使用上，你應該和孩子相互溝通，既不要有怎麼花都無所謂的態度，也不要「一切充公」，讓孩子對自己的壓歲錢毫無支配權。比較理想的方式是，讓孩子在父母的指導下，合理使用、理財。

一位媽媽說：「我的女兒小時候，每年收到壓歲錢後總是把錢交給我保存，我將壓歲錢用她的名字存入銀行。等到她長大一些，對錢有了自己的想法，知道用錢可以買到自己喜歡的東西，就向我提出要一個錢包存放壓歲錢，而不再交給我管理，我同意了女兒的請求。為了防止她亂花錢，我適時地引導她將壓歲錢作為自己的學習獎勵基金，如果她取得了好成績，就可以取出一部分錢買喜歡的東西，她很高興地同意了。漸漸地，孩子有了自己的理財方式，養成了不亂花錢的好習慣。」

由壓歲錢而衍生的一系列教育問題，逐漸成為壓在家長心頭的幾座「大山」。壓歲錢如何處理？如何教育孩子正確對待自己的壓歲錢？壓歲錢由誰來使用？……在接下來的篇章中，我們將一一為你介紹。

專家建議：孩子理財，不只是錢的問題，更是教育觀念的問題

家長將「壓歲錢」全數收走並且全權代管的做法，並不可取。這樣做容易讓孩子產生一種不被信任的感覺，從而演變為叛逆，在無形中打擊了他們自我理財的動機。讓孩子參與

「壓歲錢」的管理規劃，使其體驗財富累積與合理消費的過程，不僅可以培養孩子的自理能力，還能培育其理財意識。

有關壓歲錢的傳說

富有家庭百事順。

——丹尼．W．辛克萊（Dani W.Sinclain）

除夕之夜，每個孩子都能夠得到壓歲錢。最早的壓歲錢出現於漢代，又叫「壓勝錢」，這種錢不在市面上流通，而是一些鑄成錢幣狀的玩賞物，有避邪的功能。錢幣的正面一般鑄有「萬歲千秋」、「去殃除凶」等吉祥話和龍鳳、龜蛇、雙魚、星斗等吉祥圖案。

到了明清，「以彩繩穿錢編為龍形，謂之壓歲錢。尊長之賜小兒者，亦謂壓歲錢」。到了近代，「壓歲錢」演變為紅紙包一百文銅錢賜給晚輩，寓意「長命百歲」。對已成年的晚輩，紅紙裡則放一枚銀元，寓意「一本萬利」，到了現代，長輩們喜歡到銀行兌換票面號碼相連的新鈔票給孩子，祝願孩子「連連高升」。

關於壓歲錢，還有一個故事。

古時候，有一種小妖叫做「祟」，常在大年三十晚上出來，用手去摸熟睡著的小孩的頭，小孩往往被嚇得大哭，接著就會頭疼發熱，變成傻子。因此，大年三十這天，家家都亮著燈坐著不睡，叫做「守祟」。

有一對夫婦，老年得子，視為心肝孩子。到了年三十夜晚，他們怕「祟」來害孩子，就拿出八枚銅錢跟孩子玩。玩累了，孩子就睡著了，老夫婦把八枚銅錢用紅紙包好，放在孩子的枕頭下，守著孩子不敢睡。半夜裡，一陣風吹開房門，吹滅了燈火，「祟」剛要伸手去摸孩子的頭，枕頭邊就迸發道道閃光，嚇得「祟」逃得無影無蹤。這件事傳開來，大家紛紛效仿，在大年夜用紅紙包錢給孩子，「祟」就不敢再來侵擾了。因而人們把這種錢叫「壓祟錢」，「祟」與「歲」發音相同，久而久之，就被稱為「壓歲錢」了。

如今，長輩為晚輩分送壓歲錢的習俗仍然盛行，如何幫助孩子合理利用這筆「不菲」的收入，讓家長們很煩惱。

兒童心理健康專家對壓歲錢的合理使用給出如下建議：

1　家庭不富裕的家長，應該教育孩子把壓歲錢用到下個學期的學費上。

2　如果家庭富裕，也要讓孩子養成存錢的習慣，讓孩子從小學會理財。

3　家長可以指導孩子把錢用於貢獻自己的愛心，像是資助身障人士、家庭貧困的人，讓孩子從小學會關心別人、做對社會有益的事。

4 家長應該改變一下給壓歲錢的方式，把壓歲錢換成給孩子買保險、買書籍，或是買電腦、軟體等。

專家建議：警惕壓歲錢助長比較之風

朋友之間過了新春聚在一起，難免會聊起壓歲錢的事情，由於兒童不具備完整、正確的觀念，容易認為壓歲錢的多寡是衡量一個家庭富裕與否的標準，容易產生嫉恨和對立情緒，有些孩子還會因此自卑，不利於身心健康發展。

壓歲錢的處理方式

不要因你的收入而加大開支。

——卡內基（Dale Carnegie）

壓歲錢越來越多，怎麼用也成了大學問。現在孩子的壓歲錢多則上萬，對於絕大多數孩子來講，他們對錢的用途還沒有足夠的了解，再加上自制能力差，如果不給予合理的指導，可能會產生許多負面影響。

每年春節，小美都會收到許多壓歲錢。以前，她總是將壓歲錢全部交給媽媽，今年她不願意再把錢給媽媽了。她把壓歲錢偷偷地藏起來，用來買自己想吃的零食，還買了兩個漂亮的芭比娃娃。媽媽告訴她那些零食都是不應該買的，娃娃已經有那麼多個了，也是沒必要買的，可是小美聽不進去，執意要自己支配壓歲錢，抗拒不上交。面對小美強硬的態度，媽媽很煩惱。

如何做到妥善處理壓歲錢而又不傷家人的和氣，還真是一門大學問。據了解，目前家長在處理孩子壓歲錢上，有三種不同方式：

1　「沒收充公」型

不管孩子能收到多少壓歲錢，一概由家長來支配。通常的情況是，家長將其作為全家的共同收入，用來補貼家用，孩子完全沒有權利使用。這樣是可以防止孩子養成胡亂花錢的壞毛病，但是，強行「充公」往往會給孩子的心理造成不良影響，產生叛逆的心態，甚至會破壞家庭成員之間的相互信任，破壞開明、溫馨的家庭環境。

2　「自由支配」型

這類家長的處理方式與上一種恰好相反，他們認為這是對孩子的一種尊重。孩子擁有對壓歲錢的所有權和支配權，他們可以將之存入銀行，或者用來繳納學費，或者用來購買自己喜歡的物品。家長對孩子的放任，容易導致孩子用壓歲錢吃喝玩樂，胡作非為。請客吃飯的消費方式也很常見，「我們之間講兄弟義氣，一起吃個飯唱個歌，就是要開心，花一點錢算什麼。」小孩子哪裡懂得什麼兄弟義氣，這種「社會風氣」在孩子之間的蔓延，家長跟學校一定要多注意。

3 「儲蓄代管」型

這類家長最為明智，他們讓孩子擁有對壓歲錢的所有權，但不能自由使用。金額較大的壓歲錢由父母代為管理，是不錯的處理方式。一般來說，父母會把這筆錢以孩子的名義存入銀行，當作孩子未來的教育基金。

與過去相比，現在的生活更加豐富多彩。因此，你管理孩子壓歲錢的方式也可以更多元。

1 制定計畫

與孩子一起制定消費計畫，討論這些錢可以用來做什麼，引導孩子把錢花在有用的地方，像是繳納學費、購買文具用品等。

2　理財啟蒙

為孩子準備一本筆記本或記帳本，引導孩子記錄每次花錢的情況，計畫剩下的錢該如何合理運用，讓孩子從中享受到自主管理的樂趣。

3　合理消費

把孩子的壓歲錢變成「旅遊基金」，在假期帶孩子出遠門遊玩，既開闊了孩子的眼界，又增加了一家人的感情。

專家建議：壓歲錢有多種管理方式

1　設一個銀行帳戶

以孩子的名義在銀行開個帳戶，告訴孩子積少成多的道理，讓孩子將壓歲錢逐年存入，到需要時再取。這樣既能讓孩子不亂花壓歲錢，又可以監督孩子日後的消費。

2　買一份保險

這是不可或缺的投資。人的一生中，難免會遇到坎坷，幫孩子買一份保險，也就為孩子的生活增添了一份保障，這是父母對孩子的另一種愛。

3 買一套學習叢書

一套好的叢書可以有助於啟蒙知識，更能提高孩子的精神境界。

讓孩子自己管理壓歲錢

制定一個真正適合你的預算。

——卡內基（Dale Carnegie）

每逢過年，孩子們總是歡天喜地，壓歲錢是他們一年當中不可多得的一筆「鉅款」。一個春節下來，孩子們收到的壓歲錢少則幾百元，多則幾千甚至上萬元。如何讓涉世未深的孩子管理好壓歲錢，成了許多父母困惑的問題。

琪琪在上小學以前，對壓歲錢幾乎沒概念。但自從上了小學一年級，她就對媽媽說：「媽媽，外婆、奶奶的壓歲錢是給我的，你們不准花哦！」原來，琪琪班上的同學正在分享各自收到壓歲錢的多寡以及如何使用。媽媽很煩惱：孩子還那麼小，她能管理好這筆錢嗎？

許多父母都有這樣的疑問，壓歲錢究竟該如何管理？假如讓孩子自己管理，父母需要做哪些準備，需要從哪些方面給孩子指引?接下來，我們看看這幾位家長是如何做的：

1　幫孩子完成一個夢想

上高中的楠楠一直夢想著用壓歲錢與朋友結伴旅遊。今年，他將這一夢想變成了現實。今年春節，他得到了一萬五千元壓歲錢，加上父母補貼的六千元，楠楠去了自己夢想已久的旅遊勝地。回來後，他還為親友們帶回用自己的壓歲錢購買的紀念品。楠楠的做法不僅獲得了親友們的一致肯定，一時也在同學間引起了不小的波瀾。

2　引導孩子合理消費

「我已經長大了，可以自己用壓歲錢了。」十二歲的寧飛這一宣言最終得到了媽媽的認可。今年，他第一次擁有了三千元壓歲錢的支配權。當然，在媽媽的及時「提醒」下，寧飛用一部分錢買了一些書和小禮物，送給親朋好友。其中，還有他特別送給媽媽的一條絲巾以及送給爸爸的一條領帶。

3　送愛心，獻真情

蕾蕾選擇了送愛心的方式來「消費」掉自己的部分壓歲錢，她取出一部分壓歲錢，買了很多圖畫書送給偏鄉小學的小朋友。

有調查機構曾對六百名小學生進行調查，調查顯示：對於完全屬於自己，可以自由使用的壓歲錢，百分之四十四的孩子選擇購買自己喜歡的玩具或服裝，百分之四十二的孩子選擇外出旅遊，百分之八的孩子選擇存進銀行，百分之六的孩子會利用壓歲錢獻一份愛心。

作為家長，大多希望自己的孩子能用壓歲錢做一些在大人眼中看來有意義的事。而事實上，孩子們往往有自己的想法——

「前些日子，我在商場看到一個機器人玩具，今天就去買下來。」

「我想用壓歲錢買好多好吃的，再買幾件漂亮的衣服，還要買雙直排輪鞋。」

「我要把一部分錢捐給慈善機構，讓那些貧困的小朋友也可以上學。」

「奶奶快過生日了，我想送她一件禮物。」

……

不少孩子拿到壓歲錢，立刻想到的就是約幾個朋友出去玩，或者買自己夢寐以求的玩具、服裝等。而有些孩子卻用壓歲錢完成了自己的心願，或者做了很多有意義的事情。為什麼會有如此大的分別呢？很顯然，孩子對壓歲錢的使用方式，與家長的引導是分不開的。

專家建議：孩子管理壓歲錢需要父母合理引導

1　家長不要全額「沒收」孩子的壓歲錢，而應該與孩子一起制定理財計畫，使壓歲錢、獎金、零用錢成為個人理財的起點。

2　讓孩子懂得「把錢用在刀口上」的道理，拿出一部分錢獻愛心也是不錯的選擇，既有意義，又可以培養孩子的愛心。

用壓歲錢來投資

金錢的增加意味著個人的成長。

「在壓歲錢的支配和使用上，家長應培養孩子的理財意識，可以帶著孩子去銀行開立存款帳戶，培養孩子善用金錢，理性使用壓歲錢的習慣，最終杜絕亂花錢的問題。」一位銀行理財顧問認為。還有理財顧問認為，購買一些低風險理財產品也是不錯的選擇，股票或股票型基金盡量少投入。

不僅如此，父母在對壓歲錢的處理上要年年堅持，才能杜絕了孩子亂花錢的問題，更對孩子產生意想不到的深遠影響。

下面，我們看看理財顧問分別從銀行、保險角度提供的幾種理財建議。

幼兒篇：兩萬五千元

理財祕笈：長期規劃。投資開放式基金、債券等。

理財主人：陽陽，四歲，壓歲錢兩萬五千元。

家庭狀況：父母均為公司普通職員，全戶月收入六萬元。

理財建議：這個階段家庭生活的重點是保證孩子健康成長，理財規劃也要為家庭目標服務。

1 父母可以考慮使用每年的壓歲錢為孩子做完善的風險保障。可以為子女選擇意外險、疾病及醫療險。

2 投資產品建議著眼長期投資，每年以固定資金投資於股票型開放式基金，基金年平均收益以百分之八計算，幾年下來，也是一筆較為豐厚的資金了，這部分錢可以分批提取作為孩子的學費，並逐漸引導孩子建立正確的理財意識。

小學篇：一萬兩千五百元

理財祕笈：培養理財觀念，參與基金定期投資，學習簡單投資工具。

理財主人：倩倩，九歲，小學四年級，壓歲錢一萬兩千五百元。

家庭狀況：父親是公務員，母親家庭主婦，全戶月收入四萬五千元。

理財建議：這個年齡的孩子，已經有了金錢概念，也明白了壓歲錢的含義，面對這種情況，父母不應拒絕孩子花用壓歲錢，但也不應任由孩子隨意使用。

1　此時，父母要注意引導孩子建立正確的理財觀念，將孩子的興趣轉移到一些簡單的投資工具上，並適當講授一些初級理財知識，為孩子單設投資帳戶也是一個不錯的方法。

2　父母可以用壓歲錢為孩子開立基金定投帳戶，為孩子累積一筆長期財富。

高中篇：一萬元

理財祕笈：以子女教育金為理財目標，為累積教育金助力。

理財主人：楊靈，十四歲，國中二年級，壓歲錢一萬元。

家庭狀況：父親是公務員，母親是白領，全戶月收入七萬元。

理財建議：孩子上國中後，父母應把累積子女教育金作為主要家庭理財目標。

1　累積教育金的方法有很多，目前的投資工具，如基金、債券等都可以。

2　輔導孩子參加股票基金或指數基金的定投計畫，為自己設立一個獨立的投資帳戶。

3　由於教育金目標的必要性，此時期累積教育金選擇的投資工具應以穩健為主，如債券型基金、保本型基金、銀行理財產品等。

對於總是忍不住花錢的孩子，理財顧問給出了「一硬一軟」兩種招數：

1　「強制儲蓄」法：

你可以幫孩子辦一本存摺，但不要把密碼告訴他，鼓勵孩子將壓歲錢以及平時沒有用完的零用錢存到裡頭，這樣就不會亂花了。

2　「畫餅充飢」法：

讓孩子把自己想買的昂貴物品畫下來，然後貼到牆上，每當想買其他玩具或零食等小東西時，就看幾眼牆上的「宏偉藍圖」。這樣，孩子亂花錢的衝動就沒了，很快就能存夠買東西的錢。

專家建議：及早建立教育基金

由於教育支出的必要性和長期性，提前為孩子做財務規劃和安排是非常必要的，及早在家庭中建立教育基金已成為目前家庭理財的重要內容。因此，有條件的父母，不妨為孩子建立一份長期的教育保障計畫，以便於高中、大學等各個階段都有足夠的經濟實力保證孩子順利成長。

使用壓歲錢的新方法

金錢可以保證自由的生活。既有益於人，又能讓人充分發展個性。

壓歲錢來得太容易，孩子們花起來便無所顧忌，隨意揮霍。不少小孩在春節能收到幾千幾萬元的壓歲錢，但寒假還沒結束，就被他們揮霍得所剩無幾了。更令家長擔憂的是，孩子們之間還學會了「比有錢」，相互比較之風日盛。種種現象無不提醒我們，「壓歲錢」暗藏著隱患，處理不當，將帶來許多問題。

如何正確引導孩子用好「壓歲錢」？不少兒童教育專家指出，除了傳統的將壓歲錢作為下學期學費的做法，還有很多種幫助孩子管理壓歲錢的新思路。

1　設一個銀行帳戶

以孩子名義在銀行開個帳戶，告訴孩子聚沙成塔的道理，讓孩子將壓歲錢逐年存入，到需要時再取，保障以後的生活。

2　為孩子建儲蓄基金

在銀行工作的方先生打算讓女兒未來出國唸書，所以從女兒一歲開始，每年的壓歲錢都是存到銀行的定存帳戶中去，平均每年至少存五萬元，而孩子的壓歲錢最多的一年也只有兩萬五千多元，故方先生夫婦就每年額外補入不足的錢，「孩子將來出國開銷很大，所以我們一直都在為這筆教育開支準備。」

3 為孩子辦理保險

如儲蓄險、醫療保險等，讓孩子健康成長和升學成才無後顧之憂。具體做法是，孩子自己每月從保險基金中取錢請父母代交保險費，到了十八歲的時候，他就可以拿到一筆高於原來投保額的錢（儲蓄險），可以作為他繼續深造的費用。更為重要的是，孩子的理財投資能力從小就得到鍛鍊。

4 為孩子準備小帳本

孩子的壓歲錢，有的金額較大，這時你不妨與孩子協商，用小帳本將壓歲錢的金額記清楚，用於下學年學校的費用支出。讓孩子自己計畫管理，把每一筆支出費用記清楚，像是學費、書費、文具費等等，這樣孩子既能養成會管理錢、會花錢、把錢用在該花的地方等好習慣，同時也培養了孩子的自立意識。

5 交學費

這種方式既可減輕家長的經濟負擔，也能培養孩子的自立精神和家庭責任感。

6　訂購報刊、學習參考書

可以幫助孩子開闊眼界、增加知識，養成愛讀書的好習慣。書報還可以與朋友交換閱讀，增進彼此的情誼和知識。

7　向長輩表示孝心

長輩們給孩子壓歲錢，表達了一種祝福，你應該向孩子解釋這一情感。反過來，你也可以讓孩子從壓歲錢中拿出一部分來，再給那些需要幫助的長輩，以表達一份孝心。這樣無形中也培養了孩子「尊老愛幼」的思想。

8　獻出一份愛心

如賑災、救災、救助危難者，為偏鄉的小朋友奉獻愛心，定期認助貧困家庭等，培養孩子助人為樂的精神。

壯壯今年又過了個「愛心年」，幾年來，在父母的支援下，他都會在過年前，從壓歲錢中提前預支一千五百元，用來捐助貧困兒童。壯壯的家境不差，從小開始，父母就為他設置了「愛心儲備基金」，把每年壓歲錢的三分之二存入其中，這部分錢會用於公益愛心活動。另外三分之一，則讓他平時購買各種讀書用品。

與孩子討論壓歲錢

只有當你掌握金錢時，財富才會產生。

很多孩子認為，壓歲錢是長輩給我的，理應歸我所有，父母無權過問，更不能強行「沒收」。在如何處理壓歲錢的問題上，父母與子女通常會產生一些分歧，父母怕孩子亂花錢，所以要代為管理，而孩子則認為父母這樣做一點都不顧及他們的感受，認為是對他們權利的侵害。因此，壓歲錢的管理往往成為家庭教育中一個較為敏感的話題。其實，壓歲錢並不是碰不得，最關鍵的一點是家長要與孩子有良好的溝通，讓孩子既有對壓歲錢的所有權，又保證不會隨意揮霍。

女兒現在已經懂得壓歲錢是怎麼回事，每年拿到壓歲錢，我都與她一起數好後存到她的帳戶裡。自從我們一起參觀過一處別墅後，女兒就愛上了這種房子。我借機告訴她，買別墅需要很多錢，不料她竟然很慷慨地說：「可以用我的壓歲錢嘛。」為了便於她對別墅昂貴的理解，我打比方說，兩千元可以買一級臺階，沒想到女兒對此有了刻骨銘心的記憶。有一天，她爸爸無意中交通違規被罰兩千元，六歲的女兒很痛心地對我們說：「別墅的臺階少了一階，太浪費了！」接下來的話更讓我們吃驚：「這兩千元還是從我壓歲錢裡扣吧，爸爸賺錢已經很辛苦了！」聽到女兒這樣說，我們又意外，又驚喜。

在孩子進入學齡之後，思考邏輯有了進一步發展。因此，在培養孩子責任心的同時，你還可以進一步讓孩子學會如何儲蓄，如何積少成多，如何規劃較大金額的開銷。

在與孩子討論如何處理壓歲錢時，你要讓孩子明白一個道理：錢要花在刀口上。孩子的培養費用在不斷增加。據相關統計顯示，目前，一個孩子從出生到大學畢業，家長須承擔的費用約新臺幣兩百四十萬。因此，你有必要讓孩子明白這個現實，而儘早規劃教育理財，已經成為一個家庭的當務之急。

有的孩子從國中開始，消費就趨於奢侈，他們穿名牌、用名牌，請客吃飯一頓就是幾百塊，花錢如流水，往往幾千塊的壓歲錢一個月的時間就花完了。對待這樣的孩子，你應該讓孩子參與家庭理財，給他制定合理的壓歲錢消費計畫。制定合理的消費金額有講究，可採取短期記帳的方式，像是讓孩子在一個星期內將自己的花費記下來。一週後，對其進行指導，告訴孩子哪些是必須花的，哪些是可以省的，哪些錢是不該花的。在這個過程中，教會孩子統籌安排零用錢，合理消費。

針對孩子的不同年齡層，你的引導應該由淺入深。對小學高年級以上的孩子，應從計畫用錢、如何省錢等方面入手，教給他們一些理財概念，幫助他們建立錢的增值觀念。對於國高中生，除了向他們講解儲蓄知識外，還應該教會他們如何使用金融卡等簡單而實用的金融工具。

專家建議：學習理財，要循序漸進

1 從壓歲錢開始，讓孩子儘早接觸經濟，學習理財。

2 培養孩子多方面的觀念、想法、興趣、以及獨立感，讓孩子的綜合素養與理財能力齊頭並進。

妥善處置鉅額壓歲錢

隨著帳戶裡資金增加，你會獲得更多的生活樂趣和自信。

壓歲錢的理財，不像普通理財那樣追求短期利潤最大化和資金的靈活度，它更強調本金安全、長期穩定的收益，以及不用過多花費精力以免影響孩子的讀書。對於鉅額壓歲錢，一般家庭主要有以下幾種處置方式。

1　兩代合資

為了防止孩子將手中的「鉅額」壓歲錢胡亂揮霍，有很多家長都是採用「合資」方式購買孩子需要的較昂貴商品，以此說服孩子掏「腰包」。

劉小姐的女兒雨辰今年十五歲，這個春節她的壓歲錢收入是一萬一千元。知道雨辰一直都想有一臺電腦，因此，劉小姐建議女兒把錢存個整數，等到買電腦的時候，女兒出一部分資金，父母出大部分的錢。雨辰很高興地接受了媽媽的建議，第二天就和媽媽一起把錢存進了銀行。

今年讀高二的小剛說，每年他的壓歲錢大約都有一萬五千元。他家的「老規矩」是，凡是自己在學習或者其他消費上的鉅額支出，壓歲錢都要「首當其衝」。小剛去年的壓歲錢用來買了一臺筆記型電腦，至於今年的壓歲錢，「如無意外，父母會讓我自行交學費。」

類似雨辰和小剛父母一樣做法的家長並不少。他們用「合資」的方式給孩子購買各種單價較高的物品如電腦、樂器等，或是鉅額的教育費用支出，這樣可以有效地防止孩子將壓歲錢胡亂花掉。

2　為孩子建立「教育資金」

教孩子理財，讓「壓歲錢」成為未來教育資金的一部分，是個不錯的選擇。關鍵是針對孩子的不同年齡層，選擇合適的理財產品。

學齡前兒童及小學生，一方面心理承受能力較弱，另一方面距高中階段還有十餘年，因此他們的壓歲錢累積的時間較長，你可為其選擇長期理財產品，如風險較小的儲蓄型、穩健型的理財產品；國、高中階段的孩子，即將接觸高等教育，理財的時間較短，而他們的心理承受能力已經較強，因此你可幫他們選擇中短期理財產品，像是股票型基金。

專家建議，理財計畫需穩健推行，選定存等被動式理財產品，是最佳選擇之一。

專家建議：合理支配壓歲錢的技巧

1 將壓歲錢分為三部分：消費、短期儲蓄與長期投資。

2 將三份資金存在不同的地方：消費部分放在信封袋或存在特定帳戶裡，由孩子合理取用；短期儲蓄部分存在另一個銀行活期帳戶，由父母代管；長期投資部分可以找複利的定期定額投資。

第6章　帶孩子進入銀行

為了鼓勵孩子的理財行為，父母可以陪孩子一起去銀行，並以他的名義開一個帳戶。當孩子了解在銀行存錢不僅安全還可以得到利息的時候，會加強他存錢的欲望。事實上，在孩子小的時候，讓孩子養成存錢的習慣比存多少錢更重要。

儲蓄的樂趣

財富源於儲蓄。

——約翰·坦伯頓（John Marks Templeton）

孩子漸漸長大後，會更加明白錢的「好處」——可以買很多零食和玩具，這時候，你就要開始培養孩子對儲蓄的興趣。幼兒教育非常強調教育要跟隨孩子的需求，當你發現孩子開始對錢開始感興趣，教育的時機也就到了。

「豆豆才五歲，太早跟她說理財的觀念，她未必能懂，但我從小就以遊戲的方式引導她養成儲蓄的習慣。」

王小姐談起她對女兒的理財教育，顯得頗有信心。

「週末的時候，我會帶她到商場，挑一件她很希望得到的東西。有一次她看上一雙粉紅色的小皮鞋，當時，我沒幫她買，而是先把價格記下來。回家後，我建議豆豆和我一起動手做一個存錢筒，用過的飲料瓶就可以，最主要的是把它弄得漂亮一點，以引起孩子的興趣。然後，我們共同做一張儲蓄進度表，那雙小皮鞋標價六百八十元，根據孩子的零用錢數量和耐心程度，我決定贊助她四百元，然後由她來儲存剩下的兩百八十元。所以，儲蓄進度表上，四百元已經被劃掉，剩下的部分由豆豆自己來完成。經過三個月的時間，豆豆終於存夠了錢。那一天，我帶著她把漂亮的鞋子買回來，她開心極了！一直地說，我以後還要存錢買更多更多的好東西。」

王小姐的這一招，對於培養孩子的儲蓄習慣比較有效果。有興趣的家長，不妨一試。

在當代社會，教給孩子正確的理財方法是每位家長義不容辭的責任，所以，你不應滿足於孩子對錢的簡單了解，還要在實踐中培養、訓練孩子的理財能力，教孩子養成儲蓄的好習慣。「從小沒有『存錢筒』的孩子是不健全的孩子」，這是一個頗有見地的話。培養孩子把屬於他的零用錢存進「存錢筒」，這能使他養成節省「自己的錢」的習慣。

美國著名教育專家在談到儲蓄原則時指出——

孩子們可以把自己的零用錢放在三個罐子裡，第一個罐子裡的錢用於日常開銷，購買一些簡單的日用品；第二個罐子裡的錢用於短期儲蓄，為購買「芭比娃娃」等較貴重物品儲存資金；第三個罐子裡的錢則長期存在銀行裡。

為了鼓勵孩子存錢，你可以陪孩子一起去銀行存錢，並以孩子的名義開一個帳戶。當孩子拿到存摺，看見自己的名字印上存摺時，會產生一種長大了、變重要了的感覺。

當孩子到了六、七歲時，你就應該告訴孩子為一個短期目標而存錢的概念。像是當孩子要買一雙自己喜歡的、並不太貴的運動鞋時，教孩子存錢的機會就來了。你可以為孩子制定一個明確的計畫——每天應該存多少錢，存多少天就能買到自己想要的東西。這樣，孩子就會有目的地把你給的零用錢存起來。當然，由於年齡還小，這一階段的孩子存錢的耐心至多只能維持三個星期，時間太長便會感到灰心，失去存錢的興趣。大約到了九歲左右，孩子才能真正懂得為長遠的目標而存錢的道理並付諸行動。

專家建議：讓孩子體驗儲蓄的樂趣

1　對孩子來說，讓他親自體驗儲蓄的樂趣，遠比千萬遍的說教更有效果。

2　父母給孩子適量補貼，幫他買到自己想要的東西，不要打擊孩子的自信跟動機。

開立第一個儲蓄帳戶

理財規劃的第一步是你從年輕的時候就開始儲蓄，持續一生。

——吉姆．羅傑斯（James Beeland Rogers）

在法國，大多數家長在孩子十歲左右時，就給他們開設個人的獨立銀行帳戶，並存入一筆錢，金額一般是上千甚至數千法郎。在給孩子設立「獨立帳戶」後，父母就不再「定期」向孩子發放零用錢，只是在節日、孩子生日等「特殊時期」，才向孩子發點金額不等的零用錢。

越來越多的法國家長認為：要使孩子的「獨立帳戶」能夠幫助孩子理財，家長對帳戶的合理「控制」十分重要。

「如果對未成年孩子過度信賴並對其帳戶的使用情況不聞不問，那麼孩子很可能會養成胡亂用錢的壞習慣。當然，家長也不能從一個極端走向另一個極端，如果事事管、樣樣問，孩子的一切消費由家長定奪，就難以領悟到理財的真諦，當然也難以實現『在游泳中學會游泳』的目的。」一位家長頗有經驗地與他人分享對孩子的財商教育。

目前，兒童儲蓄帳戶在英國也越來越流行。據英國一家權威金融機構的資料顯示，有三分之一的英國兒童將他們的零用錢和打工收入存入銀行或金融機構。在英國的西敏國家銀行，還特別提供「小小儲蓄家」的帳戶服務，此服務專門針對七到十五歲的孩子。設立這種帳戶後，孩子可以得到一本小冊子，裡面詳細地告訴他們如何充分利用帳戶。對於十六歲以下的儲戶，銀行還提供金融卡服務，包括 ATM 卡和現金卡。

理財顧問建議：一旦孩子儲存錢筒裡的零用錢已經存到五百元，家長最好建議孩子開立一個屬於自己的儲蓄帳戶。當然，家長需要另外簽字，但應該讓孩子清楚知道，這筆錢是他自己的。

假如你要帶孩子到銀行開立帳戶，你應保證讓孩子自己填寫申請表內的全部或大多數內容，如姓名、家庭住址、聯絡電話等等。要提醒孩子把存摺放在一個你和孩子都能夠記住的地方。

為孩子建立一個儲蓄帳戶好處多多——

1 可以讓孩子自己對他帳戶存款負責，孩子們總是喜歡看到帳戶裡的錢越來越多，這樣就不容易養成隨意又大方花錢的習慣。

2 規定孩子每次消費金額不可超過帳戶的三成，這樣有利於培養孩子合理消費的習慣。

3 家長可以告訴孩子，他必須對家庭盡一些義務，如在爺爺奶奶生日時，給他們買一份小禮物，略表孝心。

專家建議：讓孩子進行實際操作

1 多了解銀行對於孩子的理財服務，為孩子開立一個兒童帳戶。

2 到銀行開戶時，把孩子帶去，讓他熟悉開戶、存款及提款的具體流程。

了解家庭儲蓄

為了你本人、你的健康、你的家庭和實現自我價值，你必須存錢。

讓孩子從小掌握一定的理財知識，培養孩子的責任感，幫助孩子養成儲蓄的好習慣，對孩子日後的成長益處多多。

在成長的過程中，孩子總在觀察父母所做的每一件事。如果你希望孩子去採取某種做法，就應該以身作則，自己先按這種方式去做，這就是「潛移默化」。因此，要讓孩子了解基本的家庭儲蓄類型——緊急基金、教育基金、退休基金、家庭目標基金，並以身作則，積極存錢。

1　緊急基金

緊急基金是家庭有緊急需要的情況下，最能提供保護和安全的緊急資金。設立這項基金後，在家庭收入來源出現問題時，可以確保家庭的基本需求能夠在一段時間內得到滿足。一般來說，此項基金應至少能滿足一個家庭一個月的需要。當儲蓄能力增強時，你也可以把時間延長到三至六個月。你會發現，緊急基金的金額和家庭所具備的收入能力成正比關係。

2　教育基金

教育儲備基金，在你的孩子出生後就應該納入考慮。隨著平均學歷越來越高，甚至不時耳聞調漲學費的情況，加上補習班、才藝班等等，這筆金額可不小，需要提早規劃。

3　家庭目標基金

面對學費或許你感覺負擔非常沉重，那就趕快透過設立家庭目標基金來緩解一下緊張的情緒吧。有了這個帳戶，你就可以設立一個易於實現的目標，像是全家的一次旅行。家庭目標基金最吸引人的地方就在於它的過程非常像存錢筒，每個家庭成員都會貢獻自己的一點多餘的錢。日積月累，自然收穫多多。

如果想讓家庭目標變得對每個成員都有吸引力，你可以列一張表，讓實現目標的過程具體化。像是：

家庭目標表

列表時間：三月一日

家庭格言：千里之行，始於足下

目標：峇里島五日遊

需要的錢：四萬

已存的錢：一萬五千

希望實現目標的日期：五月一日

開始——20%——40%——60%——80%——100%

目標實現

4　退休基金

當你把個人信用卡上的欠債還清，也不用再擔心孩子的教育經費時，就應該盡可能多地往退休基金裡存錢。能有一個衣食無憂、安心自在的晚年，也是人生的一大幸事！

事實上，你往這些基金裡存了多少錢本身並沒有多大關係，重要的是你要有理財的知識和責任感，要建立起儲蓄的習慣。現在養成每次存一點小錢的習慣，今後就會存更多的錢。

家庭儲蓄有一定的方法技巧，不妨學習一下：

1　階梯儲存

假如你想存十五萬元，可分別用五萬元存一至三年的定期儲蓄各一份。一年後，你可用到期的五萬元，再開一個三年期限的存單，以此類推，三年後你持有的存單則全部是三年期的，只是到期的年限不同，依次相差一年。這種儲蓄方式可使年度儲蓄到期的錢保持平衡，既能對付利率變動，又可獲取三年期存款的較高利息。

2　月月儲蓄

此法不僅有利於幫助工薪家庭籌集資金，也能最大限度地發揮儲蓄的靈活性。像是，一個家庭每月固定的收入為四萬兩千元左右，可考慮每月拿出五千元用於儲蓄，選擇一年期限開一個定存，當存足一年後，手中便有了十二個定存單。在第一張存單到期時，取出本金和利息，和第二張所存的五千元相加，再存一次一年定存。以此類推，你會時手中有十二張定存單。一旦急需，可支取到期或近期的存單，從而減少利息損失。

3　四分儲蓄

如果你有五萬元，可分存成四張定期存單，存額呈梯形狀，以適應不同的緊急狀況，即將五萬元分別存成五千元、一萬元、一萬五千元、兩萬元這四個一年期定存。此種存法，假如在一年內需要動用一萬元，就只需取一萬元的定存，可避免需要小金額卻不得不動用「大」定存的弊端，減少不必要的利息損失。

4　組合儲蓄

這是一種存本取息與零存整取相結合的儲蓄方法。像是，你的手頭現在有二十五萬元，可先存入存本取息儲蓄戶，在一個月後，取出第一個月利息，再開一個零存整取儲蓄戶，然後將每個月利息存入零存整取儲蓄。這樣，你不僅得到存本取息的利息，而且其利息在存入零存整取儲蓄後又獲得了利息。

專家建議：為家人而努力

1　家庭的每一成員都應該為四種儲蓄帳戶而努力。

2　將你的目標列成一張表，使之一目了然，並成為繼續前進的動力。

了解存款

不論存錢顯得多麼困難，不存錢帶來的難題總比存錢更多。

很多時候，完成一件事情除了需要能力、信念和毅力之外，還需要另一不可缺少的核心——金錢。生活中，金錢和我們息息相關，雖然說錢不是萬能的，但沒有錢，很多事情都無法完成。或許孩子還沒有出生，你就已經開始為他存成長所需要的各種費用：從日常的開銷到孩子接受教育的費用，都需要你來支付。因此，存款在每個家庭中都占有舉足輕重的地位。當孩子長大，對金錢有了了解，就有必要讓他知道存款的用途，這也是理財教育中十分重要的一個環節。

關於存款，有一個「五W」原則。

1　Why——為什麼要存款?

通常民眾存款的目的，無非是用來應付日常生活、購屋、子女上學、生老病死等開支。存款之前，應首先確定存款的用途，以便「對症下藥」，準確地選擇存款期限和種類。

2　what——存什麼?

日常生活的費用，需隨存隨取，選擇活期儲蓄比較合理。理財的關鍵，是對那一部分長期不動的存款，根據其用途確定合理的存期。假如存期選擇過長，萬一有急需，辦理領取會造成利息損失；如果過短，則利息率低，難以達到保值、增值的目的。

3 when——什麼時候存？

利率較高的時候，是存款的好時機；利率低的時候，則應多選擇中、短期存款的投資方式。如果你記性不太好或去銀行不方便，還可以選擇銀行的預約轉帳業務，這樣就不用擔心忘記什麼時候該去銀行，存款會按照約定自動轉帳儲蓄。

4 where——在何處存？

選擇到哪家銀行存款非常重要。一是從安全可靠的角度去選擇，信譽高、經營狀況好的銀行，存款的安全才會有保障。二是從服務態度和硬體設施、服務的角度去選擇。三是從儲蓄附加功能的角度選擇，現在儲蓄帳戶可以綁定繳納電話費、水電費等等，選擇這樣的儲蓄帳戶會讓你的生活更便利。

5 who——誰去存？

這個沒有固定的模式，夫妻雙方可根據自己對理財的認識和掌握的知識不同，選擇擅長理財的一方，作為和銀行打交道的「帳務總管」。如今，許多銀行開設了個人理財服務，你還可以把錢交給銀行，讓銀行為你理財。

在理財的同時，你應該讓孩子了解一些存款的知識，這樣既可以幫助孩子增強理財觀念，又可以讓孩子了解你們為了他的成長所付出的心血。

專家建議：理財知識，要慢慢學習

1 讓孩子正確看待金錢，它們只是生活中一物，切不可對金錢過度重視，防止拜金主義。

2 幫孩子制定長期的儲蓄計畫，培養他的存錢耐心。

為未來儲蓄

只有當人們兩手空空的時候，金錢才會變成生活中最重要的環節。

前不久，看過這樣的報導：

有位母親，一輩子省吃儉用留下好幾億元遺產，滿心希望能夠給兒子提供最好的物質生活。沒曾想，她剛過世，年近三十歲的兒子便用遺產大肆購房、買跑車、出國旅遊……不出三年，幾億元的遺產揮霍一空。

英國也曾發生過類似事情：

一對在金融界打拚多年的夫婦，去世後留給未滿二十歲的兒子幾十億英鎊的財產。結果，這個孩子因為太早擁有財富，又不懂如何理財，最後竟然因吸毒而橫死街頭。

這些實例告訴我們，如果沒有盡早培養兒童的理財能力與財商，留給他們再多的財富，也難免被揮霍一空，最終一無所有。

每個父母都希望孩子成長的道路一帆風順，能夠順利進入高等學府繼續深造，甚至出國留學。但需要記住的是：接受高等教育是第二步，準備高等教育的費用才是第一步。從幼稚園上到大學，孩子到底要花多少錢？

據調查，從嬰幼兒到研究生畢業所需要的基本費用（內含生活費、學費、補習費等）總計高達兩百七十五萬元。如果想讓孩子出國留學的話，費用更加可觀。以在美國接受大學教育為例，一般的四年制大學學費加生活費，一年平均要新臺幣一百二十五萬，四年就是五百萬。如此龐大的開銷，你一定要提早準備。

及早對孩子進行理財教育，不僅僅是讓他們學會如何花錢，更是讓他們學會如何為自己的未來儲蓄。

石油大王洛克斐勒，是美國十九世紀的三大富翁之一。洛克斐勒一生至少賺進十億美元，捐出的就有七億五千萬美元。但他平時花錢卻十分節儉。有一次，他下班想搭公車回家，缺一美元，就向他的祕書借，並說：「你一定要提醒我還，免得我忘了。」祕書說：「請別介意，一美元算不了什麼。」洛克斐勒聽了一本正經地說：「你怎麼說算不了什麼？把一美元存在銀行，要整整十年才有一美元的利息啊！」

財富的累積，講究的是滴水穿石。人們都知道「積少成多，萬涓成水」的道理，可是沒有幾個人能做到，但洛克斐勒做到了。

此外，你還可以採取一些有創意的措施，來增強儲蓄對孩子的吸引力。

在家庭裡，使孩子愛上儲蓄最有效的激勵方法之一就是適當獎勵：從存一美元獎勵十美分到存一美元獎勵一美元。無論孩子自己存多少，都要適當予以獎勵。

六歲那年，小湯姆報名參加了學校的儲蓄計畫，每個星期存十到二十美元，這些錢是他打工、做家事和練習鋼琴得到的。到十歲時，他已經擁有一千多美元的存款。由於對銀行的存款利率不太滿意，小湯姆把大部分錢取了出來，開始進行多元化儲蓄——購買共同基金和股票，當然，他還繼續往自己的銀行帳戶存款。當其他同齡孩子把零用錢都用在光顧麥當勞和購買米奇的T恤時，小湯姆已經在購買麥當勞和迪士尼公司的股票了。

「看到錢在增加，我非常高興，而且長大以後我還可以繼續使用它們。」

學會儲蓄，孩子的未來才會更有保障，美好的理想才不會因為現實的殘酷而折翼！

專家建議：儲蓄，從存存錢筒開始

孩子的積蓄一般都是從存存錢筒開始的，當孩子有了獨立的認知能力後，家長們不妨帶孩子一起到銀行去開設一個屬於他的存款帳戶，讓孩子們透過這個帳戶明白銀行的功能，並借此建立他們正確的消費觀，養成勤勞節儉的好習慣。

不可不知的借貸問題

借款是用將來的收入來支付今天的開銷，它可能是有益的，也可能得不償失。

——諾爾・惠特克（Noel Whittaker）

借貸問題是家庭理財中的一項重要內容，當你想做一件事情而又沒有足夠的資金時，就可以考慮向銀行貸款或找他人借錢。在孩子年齡比較小的時候，一般不會發生借貸問題，你可以簡單傳授孩子一些常識，像是：向別人借錢一定要有借有還，如有需要，還要付給對方利息，要有誠信等等。但是，當孩子已經具備一定的金錢處理能力，因自身發展的需要而要求借入大筆資金時，你就要及時讓孩子明白有關借貸的基本知識。

借貸，在法律意義上，是指由貸方與借方成立一項「借貸契約」，貸方將金錢所有權移轉給借方，到期時由借方返還同額的錢。為了確保個人權益，把錢貸放出去不致平白損失，債權人應注意下列幾件事項：

1　金錢借貸應立借據或書面契約

法律上並未要求金錢借貸契約必須立字據，因為契約只要雙方當事人對同一件事情達成合意就已等同契約成立。但是，為了杜絕事後紛爭，最好還是在借貸時就立好書面憑證，以免空口說而無憑，徒增困擾。

2　金錢借貸書面記載要詳明

借據或借貸契約，需要清楚載明下列事項：

a　借貸雙方當事人的名稱。

b　借款全額與幣別。如：「新臺幣壹拾伍萬元整」。

c　借款期限。如：用「借款期限自西元／年／月／日起至X年／月／日止」來表示。

d　約定利息。把利率和支付方法表示清楚。如：「年利率百分之十」，「自借款日起於每個月的第五天支付」。

e 違約金的約定。如：「借款人如有違約，應就借款金額按日支付違約金，每萬元每日伍元違約金。」

f 立據日期。

g 雙方的親筆簽名。

3 **金錢交付應有憑證**

金錢的借貸契約，必須有金錢的實際交付才會發生效力。貸款人將借貸款項交付借款人時，宜使用支票或本票，並在契約書上注明，以免現金交付無憑無據。

4 **尋求借款的保證**

為了確保貸款的安全回收，最好能有可靠的擔保。一般借貸的擔保有以下三種方法：

a 取得抵押權。由借款人提供不動產，為貸款人設定優先受償的物權，並至相關機構辦理抵押權登記。

b 取得質權。由借款人拿動產或權利（如珠寶、古董；股票、公司債券等）給貸款人作擔保。

c 找連帶保證人。在契約上寫明「連帶保證人連帶保證借款人XXX切實履行貸款契約各條款之約定」，並由連帶保證人在契約上親自簽名蓋章。

借貸契約的產生，是因為很多人無法保證自己的誠信。在交給孩子相關的借貸知識時，也要要注重培養孩子應有的品格。

專家建議：抵押可以有很多種方式

出租或抵押財產也是你解決借貸問題的一個好辦法。「真正的商人，要勇於拿妻子的結婚項鍊去抵押」——這是美國著名零售商的格言。

培養孩子的貸款觀念

盡可能地減少在易貶值項目方面的借貸。

——諾爾·惠特克（Noel Whittaker）

孩子有時候想購買的物品的價格和自己存的錢有很大的落差，這時候，你除了要孩子調整目標之外，其實可以適度的「借錢」給孩子，讓他有借錢、還錢、並支付利息的觀念。

從小，阿海就有一個屬於自己的帳戶，每逢春節和過生日的時候，阿海都會收到長輩們給的「紅包」，他會把這些錢一分不動地存進銀行帳戶。但是，他似乎對貸款似乎沒有特別的想法。去年秋天的時候，阿海想買一臺筆記型電腦，他和爸爸商量，自己有一些存款，但要是買電腦的話還差一萬元，他想向爸爸借這筆錢，準備到春節的時候還給他們。

爸爸聽了阿海的話，很高興，因為兒子已經有了自己的想法，要用自己的存款買東西，而不是伸手向父母要錢。不過，爸爸還是藉機告訴阿海，父母可以借錢給他，但他必須支付一定的利息。

「還要付利息啊？」阿海頗感意外，吃驚地問道。面對兒子的不解，爸爸就拿家裡的房貸來舉例子，「家裡買房子向銀行申請了一百五十萬元的貸款，銀行為什麼要借錢給我們？是因為他們要從中收取貸款利息。我們每月還房貸一萬兩千五百元裡，有一部分就是給銀行的利息。」隨後，爸爸和阿海一起從網路上查了有關貸款利率的資料，提出如果兒子能夠以百分之五的年利率支付利息的話，就可以先借錢給他。

阿海算了算，幾個月之後他就可以用壓歲錢還上借爸爸的錢，需要支付的利息也不多，就爽快地答應了。

信用貸款的生活方式已經逐漸融入我們的生活。對於孩子們來說，他們在以後的人生路上，可能需要申請助學貸款、房屋貸款。當他們開始創業的時候，還可能需要青年創業貸款……因此，適當告訴他們一些借貸常識是十分必要的。

區區幾十塊錢的利息，對成人來說算不了什麼，但是從這種生活體驗中，你可以讓孩子產生實際經驗——天下沒有白吃的午餐，使用不屬於自己的錢，就必須付出一定的成本。

另外，孩子也可以向兄弟姐妹或爺爺奶奶等長輩借款，這時你最好充當證明人，引導孩子約定如何還款、何時還清等，最好能夠白紙黑字詳細記錄下來，使孩子了解到借、還錢的重要性，培養其責任感。

專家建議：教孩子了解貸款的注意事項

1　在孩子提出還款方案後，父母才能將錢借出，並且要求孩子要按方案徹底執行，避免孩子耍賴。

2　如果孩子不顧一切地將錢用光，要取消他以後的貸款資格，並告訴他強行超支的後果，直到孩子知道錯為止。

第7章　教孩子學會簡單的投資

財富若不善利用，等同於浪費金錢。要讓錢為你工作，就要進入投資領域，父母可以讓孩子挪出一點錢來做風險投資，在投資中，他們會學到不少東西。當然這些錢不必太多，只要一點點就行。

金錢的繁殖能力

一個人從現在開始每年存一萬四千元，如果他每年所存下來的錢都投資到股票或房地產，因而獲得每年百分之二十的投資報酬率，那麼四十年後，按照計算年金的方式：14,000*(1+20%)*40=672,000，財富會成長為六十七萬兩千元。

——李嘉誠

作為一個成功者，基本標準之一就是不為錢而苦惱。而要不為錢苦惱，就必須學會「讓錢生錢」，這也就我們常說的理財。

聖經裡有個故事：

主人要去國外辦事，臨行前把僕人叫來，「按個人才幹」分了一些銀子給他們，有一個僕人得到五千，另外一個得到兩千，還有一個得到一千。領到五千的那個僕人隨即拿錢去做買賣，又賺到了五千；領兩千的僕人，也照樣賺了兩千；領一千的那個僕人卻把銀子埋藏在地裡。

過了些日子，主人回來和他們算帳。領五千、兩千的僕人，因為為主人增加了財富，受到主人的熱情款待，並且領到了新的任務。而那個領一千的僕人則遭主人的責罵：「你這又惡又懶的僕人！就是把銀子放給兌換銀兩的人，亦可連本帶利收回。」

說完，主子便把一千個銀子收回，給了賺得最多的那個僕人。

這個故事告訴我們一個道理：投資第一，儲蓄第二。你希望你的孩子屬於哪一種呢？當然不是把銀子埋在地裡的那種人。

《伊索寓言》裡也有個故事：

從前，有一個孩子得到父母留給他的許多金子。他把金子埋在花園的樹下面，每週挖出來陶醉一番。然而不幸的事發生了，有一天，他的金子被一個賊偷走了，他痛不欲生。鄰居來看他，當他們了解事情的經過後，問他：「你從沒花過這些錢嗎？」

「沒有！我每次只是看看而已。」

鄰居告訴他：「這些錢有和沒有對你來說都是一樣的。」

這個寓言告訴我們：財富閒置等於零。可見，缺乏理財觀念，過度儲蓄與過度消費一樣，是無法讓你過上幸福生活的。

在東方，人們非常注重節儉，守住錢財的意識比賺錢的意識強。但在西方，投資比儲蓄更加受到大家的推崇，「讓錢生錢」的理財觀深入人心。

鮑勃是波音公司的一名工程師。從二十六歲時開始，他將每月薪水中的百分之二十投資於共同基金。這類基金雖然風險大一些，但年收益高，該類基金平均年收益約百分之十三。到三十五歲時，他與別人合資辦了個連鎖店，收益相當可觀。到了四十多歲，他開始求穩，將投資於共同基金的錢取出來投資於一種指數基金，年收益率為百分之十左右。鮑勃僅將自己錢的百分之十用於銀行儲蓄，因為美國銀行的利率長期在百分之三至百分之六，遠低於其他投資手段。鮑勃今年四十九歲，預計六十歲退休。目前，他準備開始將收入的百分之二十用於退休金準備，這樣，加上過去投資賺的錢，鮑勃足以為自己的退休生活留下一筆可觀的資金。

人人需要理財，而窮人更要理財，讓財生財。一個人必須養成良好的理財習慣，並做好完美的理財計畫，才能打造一個輝煌的人生。

專家建議：讓孩子明白讓財生財的道理

1　告訴孩子，將錢放在銀行固然保險，但還有其他的方式比存銀行更有效，也更有意義。

2　告訴孩子一些成功的投資例子，分析其中的成功祕訣。

培養孩子的投資觀念

只有學習和掌握簡單理財的概念，養成習慣進而徹底融入生活，才能真正做到人們夢寐以求的少費心高收益的理財。

——詹姆斯．布萊恩．奎因（James Brian Quinn）

從前，有一個富翁，他將一大袋黃金放在床頭。這樣，每天睡覺時，他就能看到黃金，摸到黃金了。有一天，他開始擔心這袋黃金會被歹徒偷走，於是就跑到森林裡，在一塊大石頭底下挖了一個大洞，把這袋黃金埋在洞裡面。每隔幾天，這個富翁就會到森林裡埋黃金的地方，看一看、摸一摸心愛的黃金。有一天，一位盜賊尾隨這位富翁，發現了這個祕密，第二天就把黃金給偷走了。富翁發現黃金沒了，非常傷心。正巧森林裡有一位長者經過此地，他問了富翁傷心欲絕的原因之後，就對這位富翁說：「我有辦法幫你把黃金找回來！」話一說完，這位森林長者立刻拿起金色的油漆，把埋藏黃金的這顆大石頭塗成黃金色，然後在上面寫下幾個大字——一千兩黃金。寫完之後，森林長者對這位富翁說：「從今天起，你又可以天天來這裡看你的黃金了，而且再也不必擔心這塊大黃金被人偷走。」富翁看了眼前的場景，半天都說不出話來……

別以為這個森林長者的腦袋有問題，因為在森林長者的眼裡，如果金銀財寶沒有拿出來使用，那麼藏在洞穴裡的一千兩黃金，與塗成黃金樣的大石頭就沒什麼兩樣。

俗話說，你不理財，財不理你。很多理財家都認為，理財方面的教育開始得越早越好，其中對孩子投資觀念的培養，也是宜早不宜遲。

下面我們來看看國外的一些家長是如何對孩子進行投資教育的：

約伯夫婦的教子方式——

「我們的兩個孩子都知道他們各自有一個信託基金。」約伯夫婦在孩子們小的時候就鼓勵他們參與市場投資，女兒十六歲時就把從父母那裡得到的四千美元用於投資。父母為她介紹了一個可信賴的投資顧問，但投資決定權在女兒手中。現在，她已經有了一筆大多數成年人都求之不得的證券投資組合。

蓋瑞對孩子的財商培養——

利用網路來培養孩子的投資觀念，是蓋瑞的想法。大約四個月前，蓋瑞收到了四大盒皮卡丘卡片，因為他們持有卡片製造商的股票。於是，他一本正經地告訴兩個年紀最大的孩子，「現在這套卡片非常紅，價格很高。」九歲的愛麗絲和七歲的凱莉脫口而出：「爸爸，那我們把它都賣了吧。」此後的幾個月裡，孩子們在網站上拍賣這些卡片，一路競價到兩千美元脫手，父親為姐妹二人上了一堂最生動的經濟課。

蘿拉對孩子的投資教育——

住在紐約的蘿拉說，我十三歲的兒子最喜歡麥當勞餐廳。他七歲那年，我開始送他第一股麥當勞股票，以後逐年增加。經過這些年的累積，他的資本已經在這家公司裡占了相當比例的份額。每次麥當勞公司的年報寄至時，他都會仔細閱讀；每次去附近的麥當勞用餐時，他都要認真考察一番。這些股票不像過完節就扔的玩具，從中得到的經驗將伴隨他一生。

孩子們的投資觀念不是與生俱來的，需要你的教授和指導。及時培養孩子的投資觀念，會讓孩子受益一生。

專家建議：投資需要父母的合理引導

1 孩子年齡太小時，一般沒有進行投資的能力，父母可以建議他們先從小的方面做起，如購買有收藏價值的郵票，收集各種紀念幣等。

2 適當的時候，父母可以鼓勵孩子購買股票或債券，讓孩子體會投資所帶來的價值增值。

投資比存錢更有意義

當你投資時，你要聽取行家關於安全投資的忠告，這樣你就不致冒險而喪失你的本金。

如果說存錢是為了盡快過上富足的生活，那麼，投資就是讓富裕的日子再早一些到來。投資，比存錢對改善生活更有意義。投資是一門學問，蘊含了很多技巧，想成為一名成功的投資者，就需要具備一定的投資知識。

在美國，有一位傳奇人物，她成功投資的故事打動了許多人，她叫做安妮。

一九九五年一月，安妮去世，享年一百零一歲。她一生對股市一往情深，死後所遺留的證券價值高達兩千萬美元。安妮終身節衣縮食，寵辱不驚，一百股、一百股地投資，其收益率讓知名投資專家都瞠目結舌。

安妮在她三十八歲的時候，拿出了大部分積蓄，委託她的弟弟為她代理投資。未曾想到，弟弟所在的公司突然倒閉，她投進去的錢自然也打了水漂。這使她非常憤懣，因為這些錢是她嘔心瀝血存下來的。為了省錢，即使在下雨天，她也是步行上班。

十年過去了，她一美分一美分地存夠了五千美元，全部用來買股票。從那時起，直到她去世，共存了兩千萬美元。

安妮投資的成功，是因為她一直遵循著下列八個投資原則：

1 投資名牌公司。

這是她最有價值的投資策略。安妮．沙依勃所有股票，幾乎都是知名公司發行的。

2 著重於收益率成長迅速的公司。

安妮通常不大計較股票的市盈率，而是注重公司利潤的成長速度。她認為，只要成長率高，得到較高的回報是遲早的事情。

3 結合愛好，尋找領頭羊公司。

安妮喜歡電影，因此她專心於從電影雜誌中尋找最佳的製片公司，作為她的投資對象，從中獲益不少。

4 每次只買一百股。

一點一滴地投資，使她的股票組合多樣化，她還因此可以不時購進處於低價位上的股票。

5 用股息再投資。

她將股息全部用於再投資，對於長線投資者來說，這正是賺錢的訣竅。

6　抓好不賣。

至少不賣自己信得過的股票。在一九八七年大市暴跌時，她一點都不慌張，她說，那只是因為價位普遍過高了的緣故，沒什麼大驚小怪的。動不動就急忙拋售，會錯過許多股價急劇上漲的好機會。

7　關心資訊。

凡在紐約市召開的公司股東大會，她必定參加。每見到公司最高領導人，她總是沒完沒了地盤問。

8　買免稅債券。

免稅債券既安全又可少交所得稅，安妮去世時，她的證券組合中股票占百分之六十，債券占百分之三十，現金只占百分之十。

安妮成功的祕訣看似平淡無奇，但能做到的人卻並不多。投資，除了要有豐富的知識外，還要有一顆寵辱不驚的心。

專家建議：區別對待儲蓄和投資

投資所帶來的價值增值往往比存銀行要快得多，但投資伴隨著風險，他可能給你帶來更多的財富，也可能讓你在一瞬間一貧如洗。而儲蓄則要安全的多，如果你還沒做好投資的準備，就先把錢存在銀行吧。

讓錢為你服務

分析市場走勢，把錢投向回報率高的項目。

——約瑟・普立茲（Joseph Pulitzer）

要讓你的錢為你服務，就必須進入投資領域。投資是什麼？簡言之，就是用錢生錢，讓錢為你打工。投資最重要的是什麼？是理念，是意識。所以，解決投資觀念問題，是一個人進入投資領域的根本性問題。

你可以讓孩子投一點錢來做風險投資。在投資中，他們會學到不少東西。當然，這些錢不必太多，一點就夠了。孩子們在沒有財務壓力的情況下學習投資知識，比讓他們只是去聽一些單調的理財報告要實用的多。

下面，讓我們來看看被喻為「當代最成功的投資者」——華倫・巴菲特（Warren Buffett）的投資「傳奇」。

一九三〇年八月三十日，華倫・巴菲特出生於美國內華達州的奧馬哈市，他出生的時候，正是美國金融危機爆發最嚴重的時候。剛滿週歲時，父親就失業了。貧窮的家境使巴菲特從小就對錢產生了極大的渴望。從小，巴菲特就對數字特別敏感，這種與生俱來的天賦，幫助他在進入投資領域後比別人更能精確計算投資的風險和回報。

一九四〇年，十歲的巴菲特隨父親去了紐約。一年後，他第一次進行股票投資，以每股三十八美元的價格買進了公營事業股票，不久，這檔股票的價格上升到了四十美元，巴菲特將股票拋出。首次投資雖然賺得不多，但卻給他帶來了無比的喜悅。

一九四七年，巴菲特進入賓州大學華頓商學院（Wharton School of the University of Pennsylvania）攻讀財務和商業管理。兩年後，他輾轉考入哥倫比亞大學金融系，成了著名投資專家、證券分析學之父班傑明．葛拉漢（Benjamin Graham）的弟子。富有天分的巴菲特很快成了葛拉漢的得意門生。葛拉漢「嚴禁損失」的投資哲學，更成為日後巴菲特奉行的最高規則。巴菲特進而將其概括為自己恪守的法則：第一條法則是不許失敗。第二條法則是，永遠記住第一條法則。

一九五六年，巴菲特建立了一個合夥公司「巴菲特有限公司」，親朋好友湊了十萬五千美元，其中有他的一百美元。從此，他正式開始了自己的職業投資生涯。他每天只做一項工作，就是尋找低於其內在價值的廉價小股票，然後將其買進，等待價格攀升。第一年，他的公司就集資五十萬美元。到一九五九年末，由巴菲特管理的資產已經比原來的合夥人的投資翻了一倍。到一九六六年，巴菲特管理的合夥資產已經超過了四千四百萬美元。

在別人的眼裡，股市是個風險之地，但在巴菲特看來，股市沒有風險。「我很重視確定性，如果你這樣做了，風險因素對你就沒有任何意義了。股市並不是不可捉摸的，人人都可以做一個理性的投資者。」

正是憑著良好的心理特質和敏銳的市場嗅覺，巴菲特的每一次投資都獲得巨大成功，最終，他成為世界前十的富翁。但是，這個富可敵國的人只把錢看成是社會開給他的鉅額支票，從不揮霍。他曾經坦然地告訴朋友：「從鉅額消費中，我不會得到什麼快樂，享受本身並不是我對財富渴求的根本原因。對我而言，金錢只不過是一種證明，是我所喜愛的遊戲的一個記分牌而已。」

每個人的金錢都得來不易，都凝聚著投資者的心血和汗水。所以，人人都要考慮用最保險最巧妙的方式去投資增值，達到「用錢賺錢」的目的。

巴菲特認為，要做一個成功的投資人，必須具備下列十個條件：

1　必須能夠控制自己的貪念。

2　必須有耐性。

3　必須能夠獨立思考。
4　必須具有以知識為後盾的安全感和自信心。
5　接受你無法知道所有事件的事實，不買不了解的股票。
6　要具有彈性，但絕不要以超越其價值的價格購買股票。
7　具有十到十五年理論與實務的基礎，包括在最偉大的理財大師下受教的經歷。
8　具有投資天分。
9　具有絕對誠實的品德。
10　能夠避免外界干擾。

專家建議：從小地方做起

在孩子還沒有投資的能力時，父母可以建議他們先從小地方做起，如收集各種紀念幣，或者購買有收藏價值的郵票等等，適當的時候，可以鼓勵孩子購買股票或債券。

美國人的投資教育

確保資金安全，防止因小失大。

——約瑟．普立茲（Joseph Pulitzer）

美國教育部門認為，既然投資是當代人們社會活動中所必須具備的基本技能和常識，那麼，學習投資應該從小做起。

很多美國父母都特別注意對孩子理財和投資能力的培養，像是下面這幾位父母。從他們的經歷中，你能收穫些什麼呢？

「我為我的四個兒女們每人設立了一個共同基金，他們每賺一美元，我就在基金裡投入五十美分。他們利用節假日及平時的閒置時間幫人照顧小孩，整理草坪，打工賺的錢就好像是能孵出小雞的蛋，給他們帶來了不少收益。年紀最大的珍妮現在的基金金額已翻了三倍，他們都準備將自己的一部分基金用於支付大學學費。」說起對孩子的投資教育，唐恩先生十分自豪。

「我小的時候，父親想讓我和弟弟知道，零錢積少成多是多麼容易的一件事。他把所有的零錢放在一個咖啡罐裡，罐子滿的時候，就把裡面的錢給我和弟弟。有年夏天，父親給我們存了足足有三百二十美元的硬幣。我現在二十一歲了，有半加崙麥牙酒瓶的零錢，有一個投資帳戶，投資了兩個共同基金。我說不定會用存下的零錢支付春天去奧地利滑雪的費用。」蒂姆非常感謝父親對他的早期投資教育，他表示，父親的這一做法會讓他受益一生。

按照美國的教學大綱，學生從七年級開始學習投資課程。這項課程得到了華爾街金融家們的支持，開設這項課程的學校都得到了二十五萬美元的「模擬投資」獎金。這筆獎金是真正地進入投資市場的，可能賺來更多的錢，也可能賠得無影無蹤。

學生們對投資課程都有著濃厚的興趣，為自己的訓練小組取上響亮的名字：「未來百萬富翁」、「聰明投資家」……他們用名字來寄託對未來的美好憧憬。

十三歲的麥可和他的朋友是八年級的學生。在課餘時間，他們嘗試進行投資，他們不僅向華爾街的大金融家們提出了挑戰，而且還為自己提出了一個響亮的口號——「打敗華爾街！」他們利用學校提供的投資獎金，進行了五萬美元的模擬投資，其中，兩萬美元用於購買股票，兩萬美元用於購買共同基金，一萬美元用於購買海外基金。

在美國東部的學校裡，像小麥可這樣的少年投資家比比皆是。

美國對兒童理財教育如此重視，並不是想要把所有的孩子都培養成少年股神，而是讓他們在對金錢的接觸中，明白金錢的真正含義，讓孩子受用終生。

專家建議：幫助孩子了解投資之道

1　在孩子十一、二歲時，教他了解購買股票以及建立自己的投資組合等相關知識，讓他們對投資有基本的了解。

2　家長可以用基金儲蓄或購買保險的形式為孩子理財，這類活動適合和孩子一起參加，讓孩子在親自參與中學會理財的基本知識。

了解更多的投資方式

掌握投資規律，保持低納高出。

——李嘉誠

只有了解更多的投資方式，才能選擇出最適合自己的。讓孩子從小多了解一些投資方式，當他對投資真正感興趣時，一定會感謝你當初對他的啟蒙和引導。

目前個人投資主要有以下幾種方式：

1　股票

在股海裡沉浮的人，通常認為股票「一半是天使，一半是魔鬼」，由股票而一夜暴富或瞬間破產的人不在少數。可以說，股票的出現喚醒了人們的投資觀念。但並非人人都能因炒股而發財，國際上一些專家經由調查得出的結論是：在茫茫股海中，能夠賺錢的只有百分之十，不賠不賺的占百分之二十，賠錢的竟然高達百分之七十。股市裡的機會與風險並存，希望與危險同在，收益率愈高風險愈大，這是經濟社會一條不變的真理。

2　房地產

房地產是看得見摸得著的有形財富，無論在哪一時期，都是一種最傳統、最常見、最普遍的投資方式。在發達國家，銀行的貸款有三到四成都投向房地產，更不用說個人的投資。任何一個先進國家的經濟史上幾乎都有這樣的概念：股票和房地產是經濟起飛時的最佳投資選擇。

3　文化藝術品

文化藝術品是當前投資的新寵兒。現今除房地產、有價證券之外，文化藝術品是第三大投資市場。這是因為文化藝術品的收藏和投資保險係數高，不僅可以保險增值，而且可以拓展知識，陶冶情操。

4 自由借貸

個人實業投資是一種直接投資的方式。一些人或公司在開業初或資金周轉困難時，在借貸無門的情況下，採取了吸收親戚朋友、街坊鄰居資金的方法。起初這種投資是一種被動行為，隨著市場經濟的發展，主動投資的人越來越多。民間自由借貸能夠促進市場經濟發展，投資者不妨一試，但要注意伴生的風險。

投資往往伴隨著一定的風險，為了避免大風險，投資者可將資金按適當比例選擇不同的投資方式，資金分流必然使風險分流，這就避免了把雞蛋全都裝在一個籃子裡，籃子打翻，雞蛋全部砸爛的悲劇發生。

專家建議：讓孩子了解股市

1 告訴孩子股市的風險與利潤，短期收益與長期收益的區別之所在。

2 家長可以從自己的帳戶上選幾支股票讓孩子親自體驗一下，讓他熟悉獨立運作股票的基本流程。

孩子的股票初體驗

借錢炒股，這是聰明人自取滅亡的最佳途經。

——華倫．巴菲特（Warren Buffett）

如今，孩子是否應該買股票的話題被越來越多的人關注。一位股民說：「現在的社會是充滿風險的，在股市中更是處處有風險。因此，可以把入市買股，作為對孩子風險教育的一部分。」另一位股民認為，買股有利於培養青少年的經濟頭腦，小孩在學會花錢的同時更要學會合法地賺錢，讓小孩自己去體會生活的不易。

與此同時，很多學校紛紛開出的理財課也成了眾人關注的焦點。雖然社會各界的意見不一，但這些開出理財課的學校都表示，給孩子適當的理財教育是非常必要的，讓孩子學會理財並不是讓他們去炒股炒基金，而是讓他們頭腦裡有理財概念，從小養成好習慣。當然，如果孩子有興趣，又能得到父母的支持和監督，那麼讓孩子稍微做點投資也無不可。

八歲的勤勤是小學二年級的學生，兩年來，他已經存了五萬多元的壓歲錢。這些錢怎麼處理，讓他和父母費了好多心思。因為依靠前幾年的壓歲錢，勤勤已經在銀行存了兩萬元的定存，而且學校裡也給他買了意外保險。經過一番考慮，勤勤在銀行工作的爸爸決定讓兒子到股市開戶，用這一萬元來買股票。

「因為銀行存款的收益太低了，只要在股市中稍微有點收益，就會超過存款利息。」勤勤的爸爸說，他們讓孩子買股的目的不僅僅是為了賺錢，更重要的是從小培養孩子的理財蓋概念，「如果賺錢了就算是意外收穫，如果賠錢就當是繳學費了。」

如今，孩子們的理財頭腦越來越好，理財知識也越來越重要。不少學校都開出理財課，不僅給學生教授理財方面的基礎知識，還專門創辦成立模擬股市，讓孩子們身臨其境地體驗股市。

不過，也有一些家長對教孩子買股票持堅決反對意見。陳先生認為，炒股對孩子來說是一種變相賭博，如果讓孩子天天關注股市，學習的注意力就會下降。再加上股票投資本身是一件刺激性很強的工作，學生心智尚不成熟，情緒容易隨股市的漲跌而波動，一旦虧損容易產生心理問題，對心理健康不好。

而剛給孩子買了股票的周先生也表示，畢竟孩子才上小學，教他買股票也只是為了告訴他股票的利潤收入，讓他多了解些投資概念而已。

談起孩子參與股市的現象，一位證券專家表示，未成年人投資股市，這種經濟表象的背後表現出家長教育觀念的更新，不過這種更新的步調有些偏激。這位專家認為，為了讓孩子更加適應將來的社會，家長在平時教給孩子一些理財知識是應該的，但是股票畢竟是一種兼具投資和投機的理財方式，風險較大，需要較好的心理強度。未成年人心智尚不成熟，他們可以接受一些金融知識，但參與股票顯然不太好。他建議，讓孩子學習理財應該採取循序漸進的方式，最好讓他們先選擇銀行理財產品、保險等風險較小的理財方式。

專家建議：孩子炒股，要適可而止

炒股是常見的一種經濟活動，在孩子表現出對股票的強烈興趣時，不妨讓孩子學一些股票知識，這有利於加深孩子對投資風險的了解，並增強對社會經濟活動的認識。需要注意的是，孩子的主要任務是學習，切不能因小失大。

孩子也要買保險

投保醫藥、火災、以及緊急開支的保險。

——卡內基（Dale Carnegie）

望子成龍、望女成鳳，是普天下的父母共同的心願。近年來，一些家長的保險意識逐步增強，越來越注重保險在孩子成長中的作用。

在嵐嵐上小學的時候，父母就為她買了一份「教育保險」，這份保險需要每年繳納六千多元的保費，連續交十五年。嵐嵐上國中後，保險公司給付了五千元的「國中教育基金」，當她考上高中時，又拿到保險公司給付的兩萬兩千五百元「高中教育基金」。媽媽告訴她，等到她考上了大學，保險公司還會給付五萬七千五百元的「大學教育基金」，而且在她大學畢業時，還會收到保險公司給付給她的「創業基金」兩萬五千元。

嵐嵐聽媽媽說後，自己算了一筆帳，媽媽給自己買這份保險，總共繳納的保費是九萬元，而保險公司從自己上國中到大學畢業，一共付給自己十一萬元。也就是說，媽媽買這份保險獲益兩萬元。

在孩子成長所需的所有費用中，教育費用占據了很大的比例，光靠存錢這種傳統的辦法顯然已經落伍了，除了選擇穩定的儲蓄外，各大保險公司推出的保險也可以成為你著重考慮的項目。

在孩子的一生中，有三個階段最為重要，也最需要用錢——教育、成家和立業。為了孩子的前途不致因經濟而受到影響，你可以考慮購買一些儲蓄型保險，以保證孩子在教育和事業上能得到一份幫助。

專家建議：保險也是一種投資方式

購買保險其實是一種預防措施，主要是為了避免在意外發生時蒙受難以承受的損失，並因此而陷入困境。不過有時候保險也可以是一種投資方式。

兒童投資指南

只有一個原因，我們才能接受伴隨著的風險。那就是為了賺更多的錢。

——史丹利・克洛爾（Stanley Kroll）

由於每年收到的壓歲錢金額不少，開始為孩子的壓歲錢理財的家長也越來越多。專家建議，壓歲錢理財重在有保障，即看重資金的保值而非增值。另外，藉由打理壓歲錢，向孩子灌輸理財概念同樣不可忽視。

建議1：儲蓄保險

某銀行理財顧問說，「孩子每年的壓歲錢都將投到這份保險，連續繳費十年，直到孩子長大成人。」這位理財顧問建議，打理孩子的壓歲錢可首選儲蓄型保險。而買保險的另外一個理由，是希望藉由保險讓孩子懂得什麼是保險，從小建立保險概念。

建議2：基金定投

基金定投可長期投資，以分散市場帶來的風險，對未來有資金需求的人來說是個較好的選擇。

「雖然股市有漲有跌，但從歷史經驗來看，股市長期的走勢是向上的。所以，如果以百分之十的年回報計算，每年僅存入兩萬五千元，十年後的收益也很可觀。當然，投資者可自行決定每月定投還是每年定投。」某理財顧問說，「基金可培養孩子對宏觀經濟的理解，同時在基金漲跌中使孩子知道風險的存在、鍛鍊風險承受能力。」

基金業人士認為，選擇指數型基金更適合定投。在長期市場中，投資期限越長，承擔的風險越低，降地市場風險的特點越顯著。

某保險公司的理財顧問林小姐建議，對於已滿十八歲的孩子，家長可直接為其開立屬於自己的基金帳戶，幫助其學習基金交易的知識，並嘗試拿出一部分壓歲錢或零用錢進行基金投資，還可以請投資專家進行指導，並刻意帶孩子去聽投資理財講座。對於未滿十八歲但已經上學的孩子，由於尚不能以自己名義開立投資帳戶，可以家長名義進行基金投資，讓孩子全程參與投資過程，根據不同年齡進行由淺入深的引導。

建議 3：股票投資

鼓勵孩子用自己賺來的錢買一支股票，也是一種很好的財商教育模式。美國俄勒岡州的派翠克就嘗試了這種教育方式，並且取得了意想不到的效果。

「我的大兒子李歐希望在十二歲生日時得到一臺割草機作為生日禮物，他媽媽明智地給他買了一臺。到那年夏末，他已經靠替人割草賺了四百美元。我建議他用這些錢做點投資，於是他決定購買 NIKE 公司的股票，並因此對股市產生了興趣，開始閱讀報紙的財經版內容。很幸運，他購買 NIKE 股票的時機掌握得不錯，賺了些錢。」

專家建議：兩項投資成功要素

1　良好的體魄、清醒的頭腦、聰明的財務管理，再加上勤奮的工作——。

2　避免過分冒險的投資專案，滿足於穩定的、緩慢的投資回報。

投資者分類

真正的資本家創造投資，然後把它們賣給市場。

——羅伯特・徹・清崎（Robert Toru Kiyosaki）

根據美國學者勞倫斯．柯明漢姆的分類，當今世界上主要有五類投資者模式：

1　價值投資者

價值投資者依靠對公司財務表現的基礎分析，找出那些市場價格低於其內在價值的股票。這種策略最早可以追溯到一九三〇年代，由哥倫比亞大學的班傑明．葛拉漢提出，最佳實踐者是世界著名的投資大師——巴菲特。

2　成長投資者

成長投資者致力於尋找那些經營收益能夠保證公司內在價值迅速成長的公司。一九五〇年代，著名投資者兼作家菲利普．費雪（Philip A. Fisher）最早採用這種價值投資策略的變種，麥哲倫基金經理彼得．林區（Peter Lynch）在一九八〇年代對其進行了大膽的擴展。

3　指數投資者

指數投資者以購買股票來追蹤、模擬或複製標的指數之績效表現的開放式基金，如指數型基金（ETF）。一九八〇年代，先鋒基金的創始人約翰．伯格（John Bogle）將這種策略加以推廣。

4　技術投資者

技術投資者採用各種圖表蒐集市場的行為，以此來顯示投資者預期是上升還是下降、市場趨勢如何，以及其他「動力」指標。這種策略被《投資者商業日報》的創始人威廉．奧尼爾（William O'Neil）所大力推崇，並在一九九〇年代末被人們廣泛採用。

5　組合投資者

組合投資者確知自己能夠承受的投資風險程度，並透過建立多元化的投資組合來承擔這個風險。這個理論在一九五〇年代提出，並在一九七〇年代被一群獲得諾貝爾獎的經濟學家補充完善，一九七〇年代初，這種策略因普林斯頓大學的經濟學家柏頓．墨基爾（Burton G. Malkiel）的名著《漫步華爾街（A Random Walk Down Wall Street）》而開始流行。

投資者有不同分類，也有不同等級。美國理財專家羅伯特．徹．清崎（Robert Toru Kiyosaki）將投資者分為下列七個等級。

第0級：一無所有的投資者

這些人沒有錢用來投資。他們不是花光了賺來的每一分錢，就是花的比賺的還多。生活中，大約有五成的成年人都在這一等級。

第1級：借錢投資者

這些人每逢遇到財務危機，總要以借錢來解決，甚至還借錢進行投資。當他們擁有一些資產時，債務程度也相應提高。一般來說，這些人對金錢沒有概念，也沒有好的花錢習慣。

第2級：儲蓄投資者

這些人通常定期以風險、低回報的方式將一「小」筆錢放起來，如貨幣市場的支票存款、儲蓄存款或者鉅額存單。如果有個人退休金帳戶，他們會把它存在銀行或者共同基金的現金帳戶中。他們儲蓄通常是為了消費而不是為了投資，他們比較享受那種把錢放在銀行裡的「安全感」。

第3級：「聰明的」投資者

通常，他們是受過良好教育的聰明人，但是對於投資，他們不甚精通……或者缺乏投資行業所說的「老練」。

在這個等級的人又可分為三類。

3-A級

這類人確信自己弄不懂錢是怎麼回事，而且永遠不會懂。他們會這樣說：

「我不太擅長數字。」
「我永遠不會知道投資是怎樣運作的。」
「我只是太忙了。」
「我有太多的書面工作要做。」
「投資的風險太大」。
……

他們不考慮自己的財務前景，只知道日復一日地努力工作，並對自己說，「至少我有一個退休金計畫」。等到退休時，他們才會考慮投資是如何做的。

3-B級

這類人知道一項投資為什麼會失敗，通常看起來充滿智慧，但當你徵求他們對股票或者其他投資的意見時，他們會告訴你，你到底是如何以及為什麼在各種投資中「受騙」的。他們太過謹慎，總是不斷地搜集報上的投資資訊並以此作為投資的依據，但事實上，報上的消息往往是遲到的消息。

3-C級

這種類型的人叫做「投機者」，往往表現為不夠謹慎。在觀察股市或者任何投資市場時，他們就像賭徒一樣，一切全靠運氣。這些人沒有設定交易規則或準則。他們資環尋找投資的「祕密」，尋找新鮮刺激的投資方式。可以說，這些人是世界上最差勁的投資者。

第4級：長期投資者

這類投資者非常清楚投資的必要性，他們積極地參與自己的投資決策。在真正投資之前，他們會投資於自身教育。他們利用週期性投資，並在任何可能的時候最大限度地利用稅收的好處。最重要的是，他們向有能力的金融設計師徵求意見。

美國的大多數百萬富翁都來自這一等級。

第5級：老年投資者

這些投資者有足夠的財力去追尋更積極或者更有風險的投資策略。他們普遍有良好的財務習慣，堅實的財力基礎和卓越的投資智慧。他們實行集中化，而不是多樣化投資策略。他們有著長期且連續的獲益紀錄，雖然也賠了很多錢，但這給他們帶來了智慧，而這些智慧只能從犯過的錯誤中獲得。

這些人通常被人叫做「金錢管理員」，甚至在他們死後，仍然繼續控制著那些錢的命運。

第6級：資本家

資本家是最精明也最成功的投資者。他們的目的是把別人的錢、別人的智慧和別人的時間和諧地組織在一起，來為自己和他人賺取更多的錢。真正的資本家賺錢不需要自己有錢，因為他們知道如何使用別人的錢和別人的時間。在經濟環境良好時，真正的資本家可以做得很好；在經濟不佳的環境時，真正的資本家能夠變得更富，這得益於他們善於發現機會，也善於利用機會。資本家通常也是高明的理財家和慈善家，他們在自己賺錢的同時，也為社會做出貢獻。在慈善事業上，他們的捐助往往比其他社會團體要多得多。

專家建議：有關投資的一些「祕訣」

1　如果想取得成功，請丟棄那些不切實際的想法。
2　進行遠景規劃，確立一個切實可行的目標，對自己督促與鼓勵。
3　妥善安排日常工作。
4　養成獲得成功的良好習慣。

投資中的風險

你會看到機會中的風險，或看到風險中的機會。

讓小孩子了解投資並不是件壞事，但是教小孩理財，要從風險開始。一位成功人士說道：「我家的小孩永遠知道沒戴安全帽，不可以騎車。」也就是唯有懂得風險後，才能講投資。「風險」一詞用來描述「事件的損益具有不確定性的活動」。風險活動若成功則會獲得高利益，若失敗則會遭到重大損失。人們之所以害怕承擔風險，最主要是由於預先難於斷定風險活動會成功還是會失敗。

佳新剛剛接觸股票不久，不過他運氣不錯，曾在十五日內獲得翻倍收益。但他卻開心不起來，因為他剛入市時，聽說股市有風險，所以膽子比較小，初期僅有資金兩萬五千元。結果股價翻了百分之百，瞬間獲利兩萬五千元。於是，他心中湧上一個新念頭：要是我將家裡的五十萬全用來買股票，豈不是馬上就發大財了？

接下來的兩個月裡，佳新把家裡的現金全部投進股市，正逢股市大好，很快他就賺進十萬元，這更堅定了他的想法。然而，不久之後他所購買的股票連續四天累計下跌近百分之五十，先前的投入連本帶利共損失三十萬多元。被套牢的佳新再也沒有了往日的雄心壯志，只盼望早日等到一個好價位，清倉出局。

當你決定要參與投資活動時，就一定要準備好應對風險，投資總是伴隨著一定的風險。很多人正是因為風險的存在，擔心自己辛苦賺來的錢在一夜之間化為烏有，所以選擇完全不投資或完全不冒險。其實風險沒有那麼可怕，只要你能看待它：

首先，風險不等於冒險。

風險指的是在沒有危險的情況下，為了得到更高的回報，寧願暫時遭受一些自己有能力承擔的損失。而冒險指的是明明知道某一件事情存在危險，卻依然執意去做。二者存在極大差別。

其次，風險不等於虧損。

假如，投資五萬元，預期的回報是百分之十五，一年後，實際的回報是百分之十，資本增加了五千元。雖然沒有獲得預期的七千五百元的回報，但資本並沒有減少，所以也沒有絲毫損失。

再次，高風險不等於高收益。

很多人都錯誤地認為，高風險一定有高收益。其實不然，在某些時候，高風險的確等帶來高收益，但這種機率很小，在很多情況下，高收益只是你所期望得到的收益，而並不是真正的最高可能收益。像是，賭博的最高可能收益非常驚人，但它的平均、期望收益卻是負值，希望用賭博來一夜暴富的人，通常會在幾秒之內一貧如洗。

第四，低風險不等於無風險。

當前，基金理財比較受大眾的青睞。選擇投資基金前，投資者應該客觀評價自身情況，並關注資金的流動性特徵。對於長期閒置的資金來說，相對可以選擇一些風險收益水準高一點的基金；而如果你的資金只是短期閒置，則選擇流動性更強的基金更為合適，如貨幣市場基金或中短債基金。需要注意的是，這兩類基金雖為低風險產品，但並不等於無風險，低風險的基金投資也不等於銀行存款，投資人切忌盲目追求高收益而忽略風險，造成風險錯配。

想要成功，一定要有冒險精神，但冒險卻不意味著一定能夠成功。要冒險，就要冒對的險。也就是說，只有那些長期平均具有高收益的風險，才值得你去嘗試和投資。有很多人都鍾情於樂透彩，幻想自己中幾百幾千萬時的激動心情，於是抱著非中不可的心態，最終深陷其中，無法自拔。有人迷戀於如何買樂透才能中大獎，熱衷於集資包牌，其實，樂透博弈純靠運氣，並沒有投資的訣竅。

專家建議：教孩子懂得投資伴隨著風險的道理

1　告訴孩子，高回報往往伴隨著高風險。房地產、股票等都是具有高報酬的投資項目。

2　培養孩子承擔風險的能力。

「零風險」投資建議

為了創造奇蹟，你必須勇於承擔風險。

所謂的零風險投資，指的主要是以自己的智慧和辛勤工作為投資要素，而不以物質投資為主，這樣就基本不存在投資失敗的風險。另外，「零風險」投資也包括存款、購買債券等，這屬於資金投資，但收益比較小，而且會受到金額大小的限制。我們這裡所說的「零風險」投資，主要指前一種。

在孩子初次嘗試投資之前，你應建議他選擇一些低風險甚至零風險的投資，讓孩子先學會用自己的智慧和辛勤勞動來賺錢。

最近一段時間，君君突然對股票特別著迷，而對做家事賺錢的熱情就沒以前那麼高漲了。因為在他看來，做家事也好，送報紙、賣花也罷，都只能有極少的收入，比起股票的刺激和高收益，簡直不值得一做。爸媽發現了君君的這種情緒後，開始對他進行風險教育。

晚飯後，爸媽開始給他講有關股票的事情。「股票是一種高風險投資，虧本的可能性極大，不能把賺錢的全部希望都放在股票上，說不定到時候就是竹籃打水一場空。很少人能將股票作為他一生唯一的事業，想要賺錢，首先要有腳踏實地的進取精神。」聽了爸爸的話，君君若有所悟地點了點頭。

緊接著，爸爸又幫他分析應該如何進行零風險投資。

第一，選擇適合自己的「零風險」投資。

適合孩子的零風險投資，一般來說都是一些孩子可以做的力所能及的工作，因為他們沒有太多的資金，對投資也只是一個模糊的印象，沒有過深入的了解。因此，資金投入一定要慎重。而打掃車庫或社區的環境、在社區裡修剪草坪或給花草澆水、送報紙或郵件等，都是適合孩子的「零風險」投資。

第二，「零風險」投資要靠聰明才智。

一般來說，適合孩子的「零風險」投資，要靠孩子自己的智慧去發現。像是，發現社區裡的某項環境需要清潔了，可以讓孩子自己主動去爭取，讓孩子將自己的想法告訴對方，並設法說服對方同意自己的設想，談好報酬，就可以開始工作了。

第三，「零風險」投資要靠踏實勤勞。

適合孩子的這些「零風險」投資，想要獲得報酬，主要靠孩子的踏實勤勞。因此，要教導孩子，必須要有認真的工作態度，將工作做得細緻。像是，在給社區清掃時，假如做得粗糙又不徹底，必然會引起對方的不滿意，從而無法得到報酬，最後還會失去良好信譽。所以，踏實認真的工作作風是「零風險」投資獲得收益的重要保證。

第四，「零風險」投資要靠誠實守信。

「零風險」投資雖然無風險，但不能因此而失去做事的原則，得有良好的職業道德。像是，你答應對方兩天之內會把工作完成，結果三天過去了，你還在拖拖拉拉，沒什麼進展。這樣勢必會失信於對方，而且還會讓對方蒙受損失，自然也不會再和你合作。在市場經濟社會中，誠實守信是建立良好信譽的關鍵，無論在什麼情況下，都不能背信忘義。

專家建議：不會有天上掉餡餅的美事

1　告訴孩子，不能將玩股票當作事業，靠自己的勞動、智慧和態度來賺錢，才是根本。

2　鼓勵孩子進行零風險投資，還可以鍛鍊孩子的很多能力，培養孩子良好的品格。

借錢生錢不是神話

對於任何借款，如果你做錯什麼事情的話，都可以使你失去所有的一切。

——諾爾．惠特克（Noel Whittaker）

信用是財富之源，如果想透過借貸來發家致富，必須守信用。道理很簡單，只有小信用的長期累積，才能吸引到鉅額的資金為己所用。

西班牙船王狄德羅是從打撈一艘沉船起家的，那時他還不到二十歲。雖然年紀小，但他很聰明，做生意很有一套。

從小，狄德羅就與船結下了不解之緣，一心想做船隻生意。但他身無分文，連買一艘船的資金都沒有，生意從何做起呢？

有一天，他聽說有一艘油船沉沒在海底，無人問津，便開始打它的主意。

首先，他向親朋好友借到一些錢，請人把這艘沉船打撈上來，加以整修後，他將它賣給一家租船公司，淨賺了五百美元。第一次，狄德羅嘗到了賺錢的甜頭。同時，他深感借貸對於一貧如洗的人創業有多麼重要：當初如果不是親朋好友借給自己一筆錢做資本，又怎麼能輕鬆賺回五百美元呢？由此，他突發奇想：如果自己能從銀行貸到一筆錢，買下一艘貨船，然後改裝成油輪，由自己來經營，不是可以賺到更多的錢嗎？

他帶著這個想法來到銀行請求貸款。銀行負責人見他衣衫襤褸，問他用什麼做抵押。狄德羅無言以對，結果自然被拒絕了。

不過，狄德羅並沒有灰心，在多次遭到銀行同樣的拒絕後，他又開始想辦法，決定採取一個超乎常人的行動讓銀行接受他的請求。

他以最低的租金租下一艘貨船，花了點小錢將其改裝成油輪後，以略高於原租金的價格租給了當地一家小有名氣的石油公司，然後來到銀行，說自己有一艘油船租給了一家石油公司，願以租金合約作抵押，請求銀行貸款，並許諾用租金償還銀行每月所需的本錢及利息。結果，銀行在核實後，爽快地答應了狄德羅提出的請求。

接下來，狄德羅用從銀行得來的第一筆錢買了一艘舊貨船，改裝成油輪租了出去。然後，用此合約作抵押，又向銀行借了一筆錢，再去買一艘舊貨船改裝成油輪租了出去……

幾年後，隨著貸款本息的逐步還清，一艘艘當初租出去的油輪慢慢成為了狄德羅的私人物品。不出幾年，他就擁有了一支龐大的船隊，成了名副其實的「世界船王」。

狄德羅的成功，可以說是一個奇蹟。他成功的祕笈，就是借錢生錢。

「借錢生錢」的重點，在於一個「借」字！「借」——必須以你良好的信用作保障。狄德羅之所以能從銀行借到錢，是因為他巧妙地利用了石油公司的信用，並提出了合理的方法，使還錢有了保障，並在借與還的良性循環中不斷建立自己的信用。信用越好，借錢就越容易，生意才能越做越大。

當然，借錢也不是非銀行不可，如果能從親戚朋友那借來一筆錢作為自己創業的啟動資金，那再好不過了。

專家建議：有借有還，再借不難

1 借錢會給人一種背水一戰的感覺，可以強迫借貸者不斷努力，從而使資金快速周轉。

2 借錢能使你的企業或你所從事的工作更加適應於目前的經營形式，在市場競爭中創造出更多的利潤。

從小養成借錢意識

如果必須借貸，設法爭取銀行貸款。

——卡內基（Dale Carnegie）

善於理財的人，不但會賺錢，而且還會借錢。很多人都認為借錢很不光彩，其實不然。只有借錢不還，才是真的不光彩。我們這裡所說的借錢，不是讓孩子從小就以借錢的方式來滿足自己的欲望，而是讓孩子意識到，借錢是用來進行投資、使之增值的，否則，借錢便失去了意義。

當孩子能夠獨立地進行一些簡單的投資活動時，你可以鼓勵孩子去借一些錢來擴大投資的規模，可以給孩子講一些世界上成功人士的投資故事，告訴他們，那些能夠賺大錢的人，都很善於借錢。

在孩子決定要借錢投資的時候，你應該幫助孩子弄清楚一些問題，如：需要借多少錢？準備如何安排這筆錢？有沒有可能獲得期望的利潤？……一旦孩子借到錢，就應該提醒他要把錢投入到可能帶來價值的領域，要在約定的時間內還錢，以建立自己的信譽。

在借貸中，最常見的是銀行借貸。與銀行交往，需要注意以下一些事項：

1.選擇銀行要固定

選擇一個固定的銀行好過與多處銀行來往，找到一家最適合自己的銀行，深入往來，效果優於多家銀行之間的奔波。

2 定期積金

採用定期積金要比活期儲蓄存款更能給你帶來信用。

3 經常利用

選擇好固定的銀行後，一切與銀行有關的經濟活動都應該選擇該家銀行，像是納稅或支付水電費等。

4 保持聯繫

除了要與管理的總經理、經理、貸款負責人聯絡感情之外，還要與員工經常交往，假如關係已經建立，千萬不要輕易變動。

5 與貸款負責人保持聯繫

貸款負責人通常是銀行營業的中心，他們掌握許多情報，為了收集情報，與他們保持良好的聯繫是非常有必要的。而且，假如你想要申請貸款，他們會考慮給予你種種優惠。

當然，對於小孩子來說，借錢的對象大多是周圍的親戚朋友。如果孩子有一兩個先變有錢的親朋好友，那他們就是最理想的借錢對象了。鼓勵孩子大膽地向他們求助，同時要告訴孩子，借錢時要向他們介紹自己的投資計畫，使他們相信孩子今後有償還的能力，另外還要確實講好償還借款的期限和利息，要寫好借據。必要的時候，孩子還可以向父母借錢。你可以預先和孩子談好還錢的時間和利息，條件允許的話，還可以讓孩子交給你某些屬於孩子自己的東西，算作「抵押」。

專家建議：透過實例教給孩子有關貸款的知識

在家庭中，可以透過實例來教給孩子初步的貸款知識。像是，孩子非常想買一件盼望已久但自己的積蓄又不夠支付的東西，父母可以預先借給他一筆錢，與他談好貸款的具體細節，如還錢的細節以及需要支付的利息等等，讓孩子明白信用在貸款中的重要性。

善用舉債投資

不要為負債而借債。

——諾爾．惠特克（Noel Whittaker）

在財務學中，舉債被稱為「財務槓桿」。阿基米德曾說過：「給我一個支點，我可以撐起整個地球。」延伸到財務槓桿上，你可以這樣說：「借我足夠的錢，我可獲取天下財富。」

舉債投資是一種神奇的投資工具，但務必妥善運用，首先必須堅守借貸的兩大原則：

1　投資的期望報酬率必須高於貸款利率。

2　在最壞的情況下，必須有足夠的現金來支付借貸本息。

當然，一個善於理財的人，往往不需要舉債投資，也能成為金錢的主宰。美國著名投資大師巴菲特就不主張舉債投資，他自己也是在沒有負債的情況下，完全利用自有資金投資，並最終獲得成功的典範。

當你教育孩子時，要告訴他：當你決定舉債投資的時候，就要考慮一個問題：該舉多少債？這個問題必須要考慮清楚。因為舉債越多，也就意味著風險越大；反之，又不能充分發揮舉債的效益。對孩子進行舉債投資教育，需要讓孩子考慮以下因素：

1　收入的穩定性

舉債的利息必須要按時支付，跟你投資賺錢與否沒有關係。如果收入來源不穩定，就有可能無法按時支付固定的利息，因此不適合過高舉債。

2　個人資產

假如你擁有較多的可作為貸款抵押品的資產，可考慮較高的舉債。

3　**投資報酬率**

在其他條件不變的情況下，投資報酬率越高，財務槓桿的利益也就越大。

4　**通貨膨脹率**

通貨膨脹率高的時期，借貸較為有利。

5　**承受風險的能力**

無法承受太高風險的人，不宜過高舉債。

6　**市場利率水準**

一般而言，如果市場利率下降，銀行資金寬鬆，不但投資人容易借到錢，且財務槓桿的利益也越高。因此，當利率下降時，就是投資人考慮舉債的最佳時機。

告訴孩子，「舉債投資」是一項重要的理財致富手段，尤其對於那些向要加快創造財富速度的投資人而言，「舉債投資」是一件不可忽略的利器。

要想在投資領域大有作為，必須拋棄舊觀念，接受新理念：

1　「舉債是沒面子的事」的舊觀念要不得。

2　不舉債也能理財致富，但舉債得當可以加速致富。

3　不要害怕舉債，但要合理舉債。

4 舉債必須建立信用。

專家建議：要有良好的心理承受能力

需要投資人謹記在心的是，舉債投資不能奢望投資標的價格必然會上漲，而是要做好價格下跌的心理準備。投資人必須在價格持續下跌仍有能力支付利息的情況下，才能舉債投資，同時，必須要有經得起舉債投資所伴隨的心理壓力。

第8章　幫助孩子建立平衡的金錢習慣

金錢為孩子的成長所帶來的負面影響是多方面的，例如缺乏人生理想、亂花錢、負罪感、對失敗的恐懼、過度的依賴心理和強烈的虛榮心等，而這些僅僅是其中一小部分。讓孩子明白：錢來了又去，但如果你了解錢是如何運轉的，你就有了駕馭它的力量，並開始累積財富。

設定理財目標

我們的價值觀和目標必須一致，否則我們只能原地踏步。

錢來得容易，就不會珍惜。所以在理財教育中，要讓孩子覺得這是「辛苦錢」，覺得很珍貴，孩子才會更好地珍惜。

美國洛克斐勒財團的創始人約翰．洛克斐勒（John Davison Rockefeller）在他十六歲時，決心自己創業，便開始研究如何致富，但百思不得其解。一天，他在報紙上看到一則宣稱有發財祕訣的書，便急匆匆地買回來，打開一看，全書僅印有幾個字——「把你所有的錢當辛苦錢」！他感慨萬分，並把它當作家訓，要求子孫後代牢記。

在孩子開始有零用錢的時候，你就可以教他們定期審視自己存了多少錢。如果這些錢是孩子以工作換來的，自然就會產生一種存錢的意識。你可以陪著孩子一起計算，還可以給孩子一個帳本，讓他把每一筆開銷都記下來，讓孩子清楚錢都花到了什麼地方。時間長了，他自然明白，有些錢是完全可以不花的。

一項社會調查顯示，一九八〇後出生的孩子一般不願儲蓄，他們是新產品使用的「領頭羊」。無論經濟條件如何，面對真正喜歡的東西時，這些孩子往往顯示出驚人的爽快，毫不猶豫地將口袋掏空。這些孩子大多養成了十分「自我」的個性，在消費觀念上尤其如此。他們手頭的錢不算少，但積蓄幾乎為零，有很多孩子走出校園進入社會，也是典型的「月光族」，即使工作幾年，也難有積蓄，很多時候還得和父母開口要錢。

很顯然，造成這種情況的原因是這些孩子沒有受過最基本的理財教育。理財的學習不是一天兩天的事情，制定一個合理的理財目標，有利於讓孩子體會到理財的好處。下面我們借鑑一下梅梅的媽媽是如何幫她制定理財目標的：

有一次，梅梅的一個好朋友要過生日，她打算送好朋友一套幾米的插畫集。可是苦於自己一下拿不出那麼多錢，又不好意思和媽媽要，一連幾天都很不開心。媽媽知道後，並沒有立刻把梅梅需要的那部分錢補齊，而是讓她製作一張卡片，寫上「幾米插畫集」幾個大字，然後讓她將自己目前的積蓄寫在一側，把所差的兩百五十元錢寫在另一側，並讓她做好計畫，在幾月幾日前存夠這 50 塊錢。這樣，梅梅就很具體地知道自己近期的理財目標是什麼。

有了這樣明確的消費目標，梅梅在使用零用錢時就會仔細斟酌一番，不再大手大腳花錢了。經過一段時間的努力，梅梅終於在好友生日之前買到了插畫集，望著好友開心的笑容，梅梅第一次感到了理財的巨大好處。

專家建議：有目標，才有合理的計畫

1　一般孩子存錢的目的，都是為了得到自己心儀已久的東西。

2　必要時限制孩子手裡的現金數量，讓他為了達到自己的消費目的而自覺存錢。

3　幫孩子制定一個切實可行的存錢計畫。

簽訂「零用錢合約」

積蓄可以使你成為百萬富翁，使你毫不費力地獲得百分之十二或更高的收益。

現在，絕大多數孩子都有自己可以支配的零用錢，但據一項調查顯示，九成以上的孩子存在亂消費、高消費、理財能力差的問題。特別是在新年、春節的時候，孩子們花錢的地方尤其多，購聖誕禮物、買新年賀卡、同學聚會……不少孩子面臨超支。為此，很多父母紛紛拿出「理財教育」的絕招：與孩子簽訂一份「零用錢合約」。

下面就是十二歲的萊萊與父母簽訂的一份零用錢「合約」：

「甲方按月支付乙方零用錢四百元，其中一百五十元用於買書，一百元用於車費，五十元自由支配，其餘一百元存入銀行帳戶……乙方若因無節制花錢造成透支，甲方有權在下一月將其零用錢減半，情節嚴重的，將免付下月零用錢。乙方若堅持每月存款一百元，一年後甲方將給乙方與存款相同金額的獎金作為獎勵……」

父母與子女簽訂「零用錢合約」，如今已成為一種潮流。不少中小學生都和父母簽訂了這種合約。「合約」對每月父母給孩子的零用錢金額、用途、獎懲等都做了詳細的規定。「零用錢合約」表現了父母與子女之間雙方相互平等的教育觀。從一定意義上來說，父母與子女是教育與被教育的關係，在一張合約上平等簽字，表明父母對孩子人格的尊重，子女與父母享有同樣的權利、義務。

「零用錢合約」還有一個好處，就是把作為家長的你放到了一個接受教育和監督的平台。有的家庭會有這種情況：父母與子女簽訂了「合約」，可孩子的爺爺奶奶不開心了，他們覺得這樣會委屈了孩子。結果，不是暗地裡給孫子塞錢，就是「威脅」兒子兒媳違約給孫子「漲薪水」。結果是，雖然合約簽了，但實際上形同虛設，根本沒發揮監督和管制的作用。所以，堅持合約的「嚴肅性」也是對家長的一種監督和考驗。為了孩子的將來，你要狠下心來，嚴格執行合約，絕不違約，只有這樣才能有良好的教育效果。

用契約的形式，「零用錢合約」把你需要達到制止孩子亂花錢的教育目標內化為孩子的內在要求和自覺行動，既增強了孩子的自我約束意識和自我管理能力，更使孩子逐步建立了責任感，有利於促進孩子個性與理財能力的良好發展，並為他們長大獨立理財「重合約守信義」打下基礎。

專家建議：「零用錢合約」好處多

1 遵守合約中的條約，有助於鍛鍊孩子良好的理財能力，並培養孩子遵守諾言的品格。

2 訂立「零用錢合約」的過程比較有趣，家長可以利用這個機會，與孩子討論許多關於錢的問題，培養孩子的儲蓄概念。

短期、中期和長期意識

把目標具體化，使之易於衡量。

——大衛・巴哈（David Bach）

如何認定一個人在經濟方面達到成熟？很簡單，看他是否能夠為了實現長期的理想和目標而放棄眼前的短暫享受。這種成熟並不會隨著年齡的增長而自然獲得，它像我們所擁有的許多種能力一樣，需要去培養，去學習。作為家長，你有義務也有責任培養孩子建立正確的理財觀，擁有成熟的經濟頭腦。從孩子得到零用錢的那天起，你就要把長期儲蓄納入對孩子的理財教育中，讓孩子逐漸形成短期、中期和長期的消費意識。

想讓孩子在涉及金錢的問題上達到成熟，需要使他對預算有一定的知識基礎。

1 學做簡單的預算

只有做簡單的預算，才能把手裡的錢分別做短、中、長期的規劃。藉由這樣的學習，可以鍛鍊孩子正確消費觀念和合理理財的能力。他們會明白，這週可以花多少錢，購買一個喜歡的玩具或者送朋友禮物需要存多少錢，需要把多少錢用於共同基金等長期儲蓄中。

2 掌握一定的預算知識

教給孩子一定的預算知識是必要的。或許對十多歲的孩子來說，讓他理解「預算」、「資金流轉」等太專業的名字有一定困難，但事實上，它們都是一些很簡單的概念，你只要把其中的意思用孩子們能理解的語言表達出來即可，不用將最嚴謹的定義讓他們牢記在心。透過預算，孩子可以有效支配固定（每週、每月、每年）得到的零用錢、壓歲錢、工作收入；

透過資金流轉，孩子可以初步了解把錢放在什麼地方才最合適。這兩個概念，對孩子學習理財十分重要。

3　制定明確的消費目標

消費是理財的重要內容，幫孩子制定明確的消費目標，對於合理地管理和使用零用錢，是非常有利的。一個人，如果心中有一個長期的目標，那他就會為了實現這個目標而克制當前一些沒必要的消費。為金錢的用途做好計畫是理財的關鍵，把錢用在什麼目標並不重要，重要的是要制定一個你可以為之努力的目標。

大手大腳花習慣了的孩子們，只想把錢都用在自己開心的地方上。這就是為什麼一定要讓他們有一個存錢的目標。你可以和孩子共同商量，然後制定一個目標，規劃每部分用錢的不同比例。多和孩子談談自己的想法，讓孩子從經驗中更好地學習如何理財。

專家建議：幫助孩子建立理財目標

1　可詢問孩子儲蓄後想要達到何種目標，估計大約花多長時間才能實現這一目標，建立孩子的理財目標和投資觀念。

2　父母可以用投資共同基金的方式來幫助孩子理財，以儲蓄孩子未來的教育基金。

計畫，讓孩子駕馭金錢

確定「行動」計畫。

——大衛．巴哈（David Bach）

「本想讓文文在假日幫忙管家、訓練一下，沒想到他的理財意識那麼淡薄，買東西漫無目的，給他花一週的錢他用一個小時就花完了……」文文的媽媽夏小姐說起這事時，一臉無奈。

事情原來是這樣的：

八月初，夏小姐與丈夫正巧在同一時間需要出差一週，於是他們決定讓一貫依賴父母的文文在這段時間裡充當家中的「一家之主」。他們給文文留下一千五百塊錢，作為一週的生活費用，並規定只能用在生活、學習上。沒想到，他們前腳一走，文文後腳就到了超市，先花五百元買了遊戲用品，又花六百元買了件T恤，再用三百元買了一箱薯片……之後，文文才意識到剩下的錢已不夠買菜做飯，只好每天到外婆家吃飯。

很多家長總是一味責怪孩子：怎麼一下子用了這麼多錢？其實應該換一種說法：怎麼這麼沒有計畫地花錢？

在日常生活中，你就應該培養孩子按計劃做事的好習慣。在孩子領到零用錢時，你應該幫助他把未來一週所需要的花費記錄下來，額外的支出也要一一記錄，逐漸培養孩子記帳的習慣。若干月後，你不但可以用這本帳簿查看孩子的消費傾向，了解他對金錢的價值與感受，一旦發現不好的地方，也可以適時糾正，或是作為獎勵孩子節儉的依據。

當孩子主動要求提出實行零用錢計畫時，你應該給予鼓勵，並就以下一些問題與孩子進行平等協商和討論，並約法三章。

經過熱烈的討論和商議，最後，父母與文文議定如下：

1　小學階段，每月零用錢一百元。若父母漲薪水或物價上漲，則經共同協商後視情予以追加。這筆零用錢是固定的，如果花費超出額度不補，結餘歸己。如果孩子有大筆開銷計畫，而自有資金又不足，在徵得父母同意後，可先行預支，在以後的零用錢中逐月償還。

2　國定假日或孩子過生日時，每次另發節日獎金五十元，像春節這樣的重大傳統節日，則另發兩百五十元。

3　夏天上學期間，每天可獲得茶水補助十五元。

4　爺爺、奶奶、外公、外婆等親屬資助的錢，總額在兩百五十元以內的，孩子可作零用錢自由使用。鉅額的壓歲錢，則要存入銀行，孩子在使用時需提出計畫，經父母同意後，作為孩子的大筆開銷。

5 孩子額外工作賺來的錢，歸孩子自由使用。

6 孩子學業優秀而發放的獎金，歸孩子自由使用。

培養孩子有計劃地花錢以及駕馭金錢的能力是十分必要的，這樣，孩子長大後，無論是事業還是個人生活方面，都能更合理地運用資源。藉由對孩子理財的教育，可以讓孩子學會有目的地做事，可以培養延遲滿足自己需求的能力。

專家建議：花錢須有計畫、有節制

孩子手裡有了錢，就會得意忘形，花錢沒有節制。家長要根據實際情況，幫助孩子列出消費清單，有計劃有節制地花錢，做到消費有度。一段時間後，幫助孩子清點開支情況，花了多少，結餘多少，告訴孩子有哪些東西是必須買的，哪些是沒必要買的。這樣做的好處是，一方面增加透明度，另一方面可以教會他們家庭理財的經驗，從小培養孩子的生活能力。

用計畫約束孩子亂花錢

存錢是件快樂的事，而且每個人都會。

一般來說，剛進入小學的孩子，自制能力和理財意識都不是很強。這時，每月或每週給孩子一些零用錢，很可能出現孩子一天就將一週或一月的零用錢全花光的情況。對此，你千萬不要責怪孩子亂花錢，而要以制定零用錢計畫，以此來約束孩子亂花錢，逐漸使孩子養成合理消費的好習慣。

那麼，何時開始實行零用錢計畫最合適呢？這個沒有具體的規定，你應把這個選擇權和決定權交給孩子。正常當孩子十歲左右，也就是上小學四年級時比較適合。理由如下：

1　這時孩子還缺乏完整的自理能力，但錢能換物的理財概念已經形成。

2　孩子脫離家人獨立生活的時間相對拉長，在相對獨立的時間，孩子面臨一些需要花錢的事情。如：天熱口渴，需要買冰淇淋或礦泉水解渴等等。

3　孩子的生活和學習環境需要孩子擁有一定金額的零用錢。如：班上其他同學都有零用錢，而孩子自己身無分文，這樣將可能給孩子的心靈造成一種創傷，有些自尊心很強的孩子甚至會覺得與其他同學相處尷尬，因而遠離群體，自我封閉。

4　孩子開始萌生要求獨立打理個人財務的意識。

在實行一段時間的零用錢計畫後，細心的你或許會發現孩子在理財上發生了許多變化，這些令人欣喜的變化有：

1　在選購食品時，孩子開始考慮價格和品質。有些孩子在買東西時，喜歡挑一些包裝新潮，價格昂貴，最具流行時尚的物品，而在計畫的約束下，孩子挑選的商品多是些價廉物美、乾淨又安全的商品，而不再在乎商品的外包裝是否足夠華麗足夠新潮。

2　學會與商家討價還價，並且學會比較同類商品，哪個商家的最便宜、最划算。

3　吃零食不再浪費，對自己的物品更加愛惜。像是，在實行計畫之前，孩子上學時口渴了就會去買礦泉水，實行計畫後，孩子會準備一個水壺，自己帶飲用水上學。

4　開始學會有計畫地花錢。為達成一個時期的財務目標，孩子開始節省零用錢。有的孩子還主動包下家裡的家事，用來賺一些「外快」，以實現這個目標。

專家建議：給零用錢的方式與時機

最好以硬幣的形式，尤其是年幼的孩子。這能使他們更清楚自己的手裡有多少錢，同時，還可以訓練他們的運算能力。硬幣的另外一個好處是，孩子們可以很容易地將之放到儲存錢筒或錢包裡。建議父母在每個星期天晚上或星期一發放零用錢。因為如果你在星期五才發給他們錢，這些錢肯定在週末就會被全部花掉。

幫助孩子制定和執行計畫

如果擔心資產會被強取，拿出行動，擬出保護計畫。

——安東尼・羅賓斯（Anthony Robbins）

給孩子過多零用錢對成長不利，零用錢的發放應該有一定的規範，而孩子對零用錢的使用，也要有明確的計畫。要培養孩子計畫消費的好習慣，你必須要和孩子一起努力，透過有力監督和正確引導，讓孩子在成長中學會合理使用零用錢。

在制定計劃之前，一定要讓孩子對零用錢有全面的認識。

1　你可以告訴孩子，零用錢就是每週給他們一筆金額固定的錢，他們可以用來買他們認為重要的東西。可以每週確定一天作為發零用錢的日子，例如，星期天或星期一。

2 在拿到零用錢之前，讓孩子向你保證兩件事：

（1）必須把零用錢的一部分存起來；

（2）剩餘的錢可以自由花用，但是用完後不能再要更多的錢。想要用錢，必須等到下一個零用錢發放日。

教孩子存錢的最佳時機是你第一次給他零用錢的時候。幫他為存起來的錢確定一個購物目標，並且讓他同意在前三個月裡不使用存起來的錢。這樣可以幫孩子培養耐心並增加儲蓄額。

年齡小的孩子，你可以為其每週制定一次計畫。計畫的制定，應遵循以下幾個步驟：

1 列出孩子從各種管道獲得的收入。像是，每週父母發放的零用錢，用家事換來的收入等。

2 列出孩子每週必須要花費的錢。像是，搭公車的費用，孩子的學習用品等。

3 列出孩子想要但還沒有買的東西的清單。像是，買書、玩具或同學過生日的禮物等。

4 列出想要存錢購買的東西。像是，新上市的玩具賽車。

5 從孩子的收入中扣除必須花費的，其餘的錢可以由孩子自由使用或存起來。

以上五條，就是一個孩子每週的開銷計畫了。

俗話說，凡事豫則立，不豫則廢。不管孩子的收入有多少，制定計畫是理財教育中必不可少的一項內容。

計畫一旦制定，就要嚴格執行。幫助孩子堅持執行計畫的方法有很多，如可以找三個空的玻璃瓶（最好裝飾一下，貼點貼紙什麼的，以引起孩子的興趣），然後貼上「必需」、「存錢」、「其他開銷」等字條，每週讓孩子將他的零用錢分成數份，分別裝進相應的瓶子裡，這樣就不會因混淆而發生超支的現象了。

專家建議：從小鍛鍊孩子管理和使用自己零用錢的能力

在孩子小的時候，讓他們經手一些錢，了解定期把錢存銀行的重要性，讓他們養成藉由存錢買貴重物品的習慣。這些知識可以使孩子們更全面地了解金錢的內涵並學會如何對它進行管理。事實上，給孩子零用錢就等於為他學習管理金錢提供了條件，讓他為以後有價值的、成功的生活做好準備。

一份家庭消費表

確定一個具體的日期，你決心何時「擁有」你所企求的目標。

——拿破侖．希爾（Napoleon Hill）

「當孩子成人時，他能夠處理好自己的經濟問題嗎？」面對「波濤洶湧」的市場經濟，很多父母都有這樣的擔憂。今天，你用什麼方式教育孩子對待金錢，將來，孩子就會依樣畫葫蘆去對待這個世界。有些孩子有了錢，常常不能控制自己，絕大部分的零用錢都被用來買零食、玩具或是打遊戲消費掉了。有一些錯誤，不能全怪孩子，學校和家庭有責任教育孩子正確使用金錢，引導他們將零用錢用在對身心健康有益的事情上。

毫無疑問，生活的磨礪使每位家長都在理財方面累積了許多寶貴的經驗。如：

1 從小讓孩子認識錢幣，了解找零的觀念。

2 當孩子稍大一些後，帶他去購物，並了解商品的價格。

3 給孩子和玩伴大致相當的零用錢，並給孩子建立一個小「帳本」，建立孩子購物預算的意識。

4 鼓勵孩子在購物時多比較價格，或是購買打折商品。

5　孩子有多餘的錢（尤其是壓歲錢）時，要引導孩子儲蓄；

6　給孩子一份家庭消費表，讓孩子了解並參與家庭消費行為。

……

生活中，很多孩子從不問津日常家庭生活中的必需消費，當他們成家立業時，會被每月的各種消費震驚的目瞪口呆。為了幫助孩子合理地安排將來的生活，你最好讓他們在未成年時就參與家庭消費管理，免得日後措手不及。

在制定一份家庭消費表時，你最好同孩子一起商量，共同制定，並盡可能地多考慮一下孩子的意見和建議，讓孩子自覺自己對家庭也有著不可推卸的責任。當孩子的年齡大一些，你可以試著讓他自己獨立擬定一份屬於自己的消費計畫，存在不妥的地方，可以適時與孩子進行交流，並為孩子提供一些參考意見。

一般來說，孩子的消費計畫包括：用錢的時間、金額以及詳細的用途，像是：孩子給自己購買的書籍、玩具等；在節日給父母和其他長輩購買的小禮品；送朋友的生日禮物；幫助在經濟上有困難的小朋友；為貧困山區的孩子捐款、獻愛心等。下面是思思同學的消費計畫表：

消費計畫表

用錢時間：五月三日
用錢金額：一千元
詳細用途：朋友過生日聚餐+遊樂園門票
現有金額：四百元
預計目標實現時間：五月一日
存錢手段
1 節省不必要的開支
2 「運動鞋」計畫延後一個月
3 週末幫鄰居小孩輔導功課的收入

消費計畫一旦制定，就要監督孩子嚴格執行，並定時進行討論，對孩子給予適當的稱讚和獎勵。

專家建議：學會自我控制有益對孩子的健康成長

懂得節省錢，計畫開支，是很好的習慣，有助於培養孩子的獨立感。透過理財教育，培養他們的金錢觀念，打破傳統觀念對理財教育的束縛，轉變思想，能為孩子進入社會做好準備。

讓孩子當一次「家長」

不要把賺到的錢全部花光，要保持投資的平衡，這樣你就能夠一直控制你的財務收支狀況。

——諾爾．惠特克（Noel Whittaker）

面對孩子亂花零用錢的現象，許多家長感到無奈。一位小學四年級學生家長吳小姐說：

「由於工作忙，孩子每天都是由校車接送，他亂花錢的事情我完全不知道。有一天，我幫孩子整理桌子時發現，抽屜裡有各式各樣的圓珠筆，數了一數，竟然有八十幾支，另外還發現了卡通貼紙二十多張，幾乎一次也沒用過的小型記事本大概有十幾本……經過質問，孩子才承認是用零用錢買的。」

吳小姐還說，每年過春節時，孩子都會得到上萬元的壓歲錢，平時上學還不固定地給他帶些零用錢，以備不時之需，自己也沒覺得不妥，但看到孩子這樣亂買東西，心裡又氣又慌。

另一位家長聽完吳小姐的話，深有同感：

「孩子每天都吵著要買筆記本，不是不夠用，而是喜歡那些漂亮的封面和精美的紙張。大多數筆記本都是她用零用錢買的，從來不知道珍惜，用到一半就扔了，問她的時候，她總能找出各種理由來敷衍。」

對於孩子的零用錢，你是否總會有這樣一些矛盾：不給錢，怕孩子臨時遇到緊急情況時沒辦法處理，給錢，又擔心孩子亂花。

其實這種情況很常見，解決的辦法也不是沒有，你可以試著和孩子簽訂一個零用錢合約，或者為孩子定一個合理的零用錢消費計畫，或者，你可以讓他當一回家。「不當家不知柴米貴」，有了親身的體驗，孩子就會理解父母的難處，對金錢的態度也會有所改觀。

上月發薪水的當天，爸爸就把一個筆記本交給兒子小楓，同時還有爸爸的一半薪水，要他當半個月的「一家之主」，在這半個月的時間裡，小楓對家裡的日常開支全權負責。小楓一聽，高興得不得了。他還向爸爸提出要求，如果有結餘，就歸他自己自由支配。爸爸爽快地答應了。

第二天，小楓就走馬上任了。爸爸負責為全家買早點，每天都要去小楓那裡拿錢，小楓一筆一筆認真記帳，頗像那麼回事兒。可是，家可不是那麼好當的。剛過一週，支出的錢就已經超過了一半。小楓提醒爸爸要節省，爸爸「反駁」道：「你看我花的哪筆錢不是日常的必需消費啊？」小楓翻了翻帳本，「是啊，沒有大的開銷，可是為什麼錢還是花的這麼快？」

半個月過去了，儘管小楓精打細算，爸爸半個月的薪水還是所剩無幾。這下，他終於明白了父母持家的不容易。他深有感觸地說：「以前總覺得一天花幾塊錢無所謂，反正也沒有多花，現在才知道，其實有很多東西都是沒必要買的，把那些錢省下來，還能做點大事情呢。」爸媽聽後，會心地笑了。

作為獎勵，爸爸給小楓買了一套他嚮往已久的漫畫書。

專家建議：培養孩子的持家能力

1　讓孩子從小明白家庭生活日常的必要開銷，像是水電費、瓦斯費等。

2　讓孩子學會在買東西前權衡自己最需要什麼，讓他意識到自己不可能擁有所有喜歡的東西。

第9章　讓孩子明白還有比金錢更重要的財富

雖然沒有錢許多東西得不到，但金錢不是萬能的，美麗的景色，朋友的友情，家庭的溫暖，還有許多別的東西，並不取決於你是否有錢。健康長壽、家庭美滿對一個人來說，比金錢更重要，也是金錢買不來的。

金錢不是萬能的

有了金錢就能在這個世界上做很多事，唯有青春卻無法用金錢來購買。

——約瑟夫．萊曼特（Joseph Liemandt）

某高中的一個班級舉辦活動，老師問學生長大了想做什麼？答案千奇百怪，但大都與錢有關，有一個女同學甚至直言不諱：「我想當富婆！」而且絕大多數同學都認為「錢是萬能的」。調查結果令人震驚，學生們的答案再次說明一個問題，現今學生的品德教育是多麼空洞和蒼白。

幫助孩子建立正確的金錢觀，家長和老師都有不可推卸的責任。人一輩子都需要和金錢打交道，沒有錢，或者不懂得錢的價值，就無法在這個世界生存。正所謂「沒有錢萬萬不能」，但同時也應該讓孩子懂得「金錢不是萬能的」，有些東西是無法用錢買來的，像是親情、友情、愛情……俗話說「君子愛財，取之有道，用之有度」，只有這樣才能獲得真正的快樂。

一個歐洲觀光團來到非洲一個叫亞米尼亞的原始部落，部落裡有位老者，正盤著腿安靜地坐在菩提樹下做草編。

一位法國商人問：「這些草編多少錢一件？」

老人微笑著回答：「十個披索。」

「我給你一百萬披索，你幫我做十萬頂草帽。」商人仗著他有錢，說起話來一副趾高氣揚的樣子。

「對不起，那樣的話，我就不做了。」老人淡淡地說道。

「為什麼？」商人簡直不敢相信自己的耳朵，他幾乎大喊著問道。

老者說：「如果讓你做十萬頂一模一樣的草帽，你不會感到乏味嗎？既然不快樂，要再多的錢又有什麼用呢？」

富人以為他有錢就有了一切，其實和普通人比起來，他並不是擁有的最多，只是需要的最少罷了。

有這樣一句俗語：「富不過三代。」為什麼呢？究其原因，主要是家長沒有教會孩子如何正確地對待金錢。只有那些受到良好金錢觀教育的孩子，長大後才能用正確的心態對待金錢，才能處理好人與金錢的關係。

在香港，許多富商的孩子都有在國外打工的經歷，家長在他們小的時候，就告訴他們一個道理：要花錢，得自己去賺。是父母太過小氣嗎？錯！這正是他們培養接班人精心設計的策略：讓孩子從小明白工作的價值，體會工作帶來的滿足感，而不是躺在祖先的樹蔭下乘涼。

在今天，要讓孩子建立正確健康的金錢觀，你的引導方法非常重要。「要能夠在富人面前坦然地做一個窮人」，說起來容易做起來難。學會坦然對待貧富差距，不攀比，不仇富，學會用多元的標準去評價他人，對孩子將來擁有一個健康的心態非常重要。

專家建議：健康的心態最重要

在金錢的使用上，告訴孩子要樂於分享，讓孩子體驗到捐款和助人為樂的喜悅，從小就有一顆關心別人的善良的心。家長需教育孩子自覺、自願將自己的微笑儲蓄捐贈給那些需要幫助的人們，讓孩子有一個健康的心態。

有錢不等於富足

如果您失去了金錢，失之甚少；如果您失去了朋友，失之甚多；如果您失去了勇氣，失去一切。

——約翰．沃夫岡．馮．歌德（Johann Wolfgang von Goethe）

有錢不等於富足

一般來說，孩子對任何東西的理解都很單純，如果錢能換來他們想要的一切玩具，無疑，錢在他們心目中的分量是相當重的，他們有理由認為：有錢，就有富足的生活。此時，如果你不多加引導，孩子就會產生拜金主義的傾向，以為擁有了錢，就擁有了整個世界。事實上，錢遠遠沒有偉大到能夠賦予一個人想要的一切。有錢，並不等於富足！那麼，什麼才是真正的富足呢？答案很簡單：內心的富足才是真正的富足。

一個人可以擁有很多金錢，但他不一定擁有幸福；有的人鈔票並不多，但他的一生很富足，也很有意義。真正的富足，真正的價值，是無法用金錢來衡量的。

西元一八六〇年代，是美國創造百萬富翁的年代，每個人都瘋狂地追求金錢，占有金錢。有兩個墨西哥人也加入了淘金者的行列，他們打算沿著密士失必河淘金，實現自己百萬富翁的夢想。到一個岔路時，他們分了手，原因是一個認為到阿肯色河可以淘到更多的金子，另一個則認為去俄亥俄河發財的機會更大。

十年後，那個選擇俄亥俄河的人果然發了財。他在那裡不僅找到了大量的金沙，而且還建了碼頭，修了公路，使他落腳的地方成了一個大集鎮。

進入阿肯色河的人就沒那麼幸運了，自分手後就杳無音信。關於他的猜測很多，有的說已葬身魚腹，有的說已回了墨西哥。直到五十年後，一個將近三公斤的自然金塊在匹茲堡引起轟動，人們才知道了他的一些情況。當時，匹茲堡《新聞週刊》的一位記者曾對這塊金子進行過追蹤，他寫道：「這顆全美最大的自然金塊來自於阿肯色，是一位年輕人在他屋後的魚塘裡撿到的。從他祖父留下的日記看，這塊金子是他祖父扔進去的。」

隨後，《新聞週刊》刊登了那位祖父的日記，其中一篇如下：

昨天，在溪水裡又發現一塊金子，比去年淘到的那塊更大。進城賣掉它嗎？那就會有成百上千的人湧向這裡，我和妻子親手用一根根圓木搭建的棚屋，揮灑汗水開墾的菜園和屋後的池塘，還有傍晚的火堆、忠誠的獵狗、美味的燉肉、山雀、樹木、天空、草原、大自然贈給我們的珍貴的靜謐和自由，都將不復存在。我寧願看到它被扔進魚塘時激起的水花，也不願眼睜睜地望著這一切從我眼前消失。

在瘋狂追逐金錢的年代，許多人認為這只是一個編的並不完美的故事，但我們寧可相信這是真的，因為這位淘金者是一個真正淘到金子的人。他雖然放棄了成為百萬富翁的機會，但他所擁有的幸福和快樂卻是許多富翁羨慕而又無法擁有的。

專家建議：金錢是一種觀念

金錢是一種觀念，只有觀念的改變，才能讓你富有。改變一些觀念，你才會獲得控制金錢的力量。

金錢不是人生的主角

金錢的意義總是由人賦予的。當你入不敷出時，金錢就顯得尤為重要。

許多父母對孩子財商教育的疏忽，使許多孩子對金錢沒有足夠的認識。有些孩子以金錢為中心，什麼事都用金錢來衡量，不管什麼事只要有錢都會去做，置道德、法律、親情而不顧，成為一個金錢奴隸。這些壞習慣，對孩子的成長極為不利，所以在對孩子進行財商教育時，首先要端正孩子的金錢觀，讓孩子認識到，金錢不是人生唯一的主角，除了金錢，還有很多東西值得我們去追求，去珍惜。像是快樂，像是感情，像是健康，再像是生命……。

美國富豪巴菲特認為，快樂僅僅是一種過程，而不是一個結果。

擁有上百億資產的巴菲特在安排他的後事時，將遺產以信託基金的方式委託給幾位極具智慧的人來決定錢的用途，對於兩個孩子，他只為他們各留下三百萬美元。他說：「人生真正的快樂不是住在皇宮裡，而是每年替你的房子加一間房間。因為快樂是一種過程，而不是一個結果。」

香港富豪李嘉誠則說：「我的人生哲學就是過簡單的日子，待人謙和，錢對我有什麼意義？」

對於一些有錢人而言，賺錢的意義在於成就感，而不是在於過奢靡的生活。

你必須要讓孩子明白，金錢本身並不是人生的主角，任何企圖將金錢置於主導性地位的想法，終將帶來各式各樣的大災難。

要使孩子成為金錢的主人，你在教育時應注意以下幾點：

1　自己要有正確的金錢觀，能正確對待金錢，處處為孩子做榜樣。

2　告訴孩子，錢是身外之物，不要把錢當做命根子。讓孩子明白，親情、友誼、責任心、愛心不是用金錢的多少來衡量的，就是花再多的錢，也買不到這些東西。

3　要從生活中的小事來教育孩子，讓孩子在循序漸進中明白金錢的本質。

專家建議：有一些品德，比金錢重要

誠實是人類最美好的品德之一，誠實的人總能得到別人的擁護和愛戴。能否做到誠實，意味著孩子以後一生中金錢觀的正確與否。信用觀念的培養，是理財教育和素養教育的重要組成部分，在經濟發達、法律法規健全的社會中，個人信用在銀行中的地位比其他抵押物更為重要。

財富不等於幸福

富有而不承擔責任意味著不幸。

在過去幾十年，我們的世界變得越來越富足，但是，人們的幸福感覺並沒有隨著財富增加而變多。以美國為例，二戰以來，人們的收入幾乎是原來的三倍，一九五〇年的調查顯示，大約有三分之一的人認為他們「非常快樂」，到現在，這個比例並沒有明顯變化。

有心理學家對樂透中獎者進行研究發現，在經過短暫的狂歡之後，他們很快就退回到之前的幸福程度。更多財富沒有帶來更多幸福的主要原因，可能源於比較心理帶來的相對幸福感——只有在自己比他人得到更多時，人們才會有更多的幸福感。人們之所以常常感到一絲不幸福感覺掠過心頭，是因為不自覺地與他人進行財富和地位的比較。

心理學家針對都市的調查結果顯示——

1　總體來看，人均月收入與幸福感沒有直接關係，富有的城市未必比相對貧窮的城市更幸福。

2　在每座城市裡，收入水準與幸福感直接相關，收入越高，人越感到幸福。

這種奇怪的現象又被稱為「跟上你的鄰居」。人們在判斷自己的財產時，問自己的問題不是「我的房子是否夠住？」而是「我的房子是否比鄰居的更加氣派？」所以，就算生活水準在不斷提高，但周圍不斷冒出來的富人，會讓一些自身還沒成為富人的人感到不痛快。

值得慶幸的是，依然有很多人堅持認為：財富並不等同於幸福！

在《時代》雜誌進行的調查中，賺錢或花錢都沒有能排進讓人感覺幸福的前十個因素，那些排在前面的因素包括：與朋友或家人聊天、聽音樂、祈禱、幫助他人……。

的確如此，那些最讓人感到幸福東西都不是錢可以買到的，像是愛、朋友、家庭、尊重等等。

心理學家還發現，最快樂的人所擁有的特徵和最消沉的人所不具備的特徵是，他們與朋友、家人之間的緊密聯繫，以及願意花時間和他們在一起的許諾。「在和其他人在一起時，幾乎每個人都感覺到更快樂。」

專家建議：你的幸福，與金錢無關

1　要讓自己幸福，就要減少比較。

2　最真實的幸福，來源於內心的安寧和滿足。

3　學會愛人，在愛與被愛中體驗真正的幸福。

時間就是金錢

時間意味著金錢。

——諾爾．惠特克（Noel Whittaker）

「那本書要多少錢？」一個在班傑明．富蘭克林（Benjamin Franklin）的書店裡徘徊了近一個小時的男子問道。

「一美元。」店員回答。

「要一美元！」那個人驚呼道，「能便宜一點嗎？」

「不能便宜了，就是一美元。」這是他得到的回答。

這個頗有購買欲望的人又盯了那本書一會兒，然後問道：「富蘭克林先生在嗎？」

「是的，」店員回答說，「他正忙於印刷間的工作。」

「哦，我想見一見他。」這個男子堅持道。

老闆被叫了出來，他再一次問：「請問那本書的最低價是多少，富蘭克林先生？」

「一點二五美元。」富蘭克林斬釘截鐵地回答道。

「一點二五美元！怎麼會這樣子呢，剛才你的店員說只要一美元。」

「沒錯，」富蘭克林說道，「可是你耽誤了我的時間，這個損失比一美元要大得多。」

這個男子看起來非常詫異，但是為了快速結束談判，他再次問道：「好吧，那麼告訴我這本書的最低價吧！」

「一點五美元。」富蘭克林回答說。

「一點五美元！天哪，剛才你不是說只要一點二五美元嗎？」

「是的，」富蘭克林冷靜地回答道，「可是到現在為止，我因此所耽誤的工作和喪失的價值已經遠遠大於一點五美元了。」

這個男子默不作聲地把錢放在櫃檯上，拿起書本離開了書店。

從這個故事中，我們能夠明白一個道理：在某種意義上，時間就是金錢。有這樣一句話：「浪費時間就等於慢性自殺。」許多人都認為，唯有對金錢的占有，才是對生命真正含義的最好詮釋，其實不然，即使你擁有再多的財富，假如生命走到了盡頭，一切還有意義嗎？

珍惜工作的時間，才有機會創造出更多的價值；珍惜和家人在一起的時間，才有機會體驗人生的真正樂趣。

猶太人特別珍惜時間。當孩子問現在是幾點鐘時，大人總是以幾點幾分幾秒來精確地回答，而不說「幾點多了」等模糊概念。正因如此，猶太人從小就有極強的時間觀念。

班傑明．富蘭克林（Benjamin Franklin）時代是美國資本主義發展的最初階段，他曾經說：「切記，時間就是金錢。假如一個人憑自己的勞動一天能賺十先令，那麼，如果他這天外出或閒坐半天，即使這其間只花了六便士，也不能認為這就是他全部的耗費；他其實花掉了——或應說是白扔了另外五個先令。」

「誰若每天虛擲了價值四便士的時間，等於每天虛擲了使用一百英鎊的權益。」

「誰若白白失了價值五先令的時間，實際上就是白白失掉五先令，這就如同故意將五先令丟進大海。」

「誰若丟失了五先令，實際上丟失的便不只是這五先令，而是丟失了這五先令在周轉中帶來的所有收益，這收益到一個年輕人老了的時候會積成一大筆錢。」

在富蘭克林眼中，時間不僅是財富，也是一種資本，利用好時間，就可獲得不斷增值的時間效應。而浪費時間，也是在浪費不斷增值、數量可觀的時間資本。因此，當你在浪費每一分每一秒的時候，要明確意識到你浪費的不僅是時間，同時也是在浪費、揮霍金錢和資本，一筆數目大得驚人的金錢和資本！

專家建議：珍惜時間就是珍惜金錢

時間的寶貴，在於它一旦過去，就永遠無法再次擁有。「一寸光陰一寸金，寸金難買寸光陰」，珍惜生命中的每一分鐘吧！你不知道在哪一秒，你的人生就會發生天翻地覆的變化。

比金錢更寶貴的東西

如果你把金錢當成上帝，它便會像魔鬼一樣折磨你。

——亨利．菲爾丁（Henry Fielding）

對於金錢可以買得到的東西，你很容易去衡量它的價值，但是，也請你偶爾去審視一下那些金錢買不到的東西，並確信自己一生當中不曾失去那珍貴的東西。

有位富翁，物質生活非常豐富，但卻從來沒有得到過別人的尊重，為此他十分苦惱，每天尋思如何才能得到眾人的敬仰。

有一天，他在街上散步，看到街邊有一個衣袖襤褸的乞丐，心想：機會來了！於是他十分大方地朝乞丐的破碗裡丟了一枚亮晶晶的金幣。

誰知道乞丐頭也不抬，富翁有些生氣了，說：「你眼睛瞎了！沒看到我給你的是一枚金幣嗎？」

乞丐仍是不看他一眼，答道：「給不給是你的事，不高興可以拿回去。」

富翁大怒，一氣之下又丟了十個金幣在乞丐的碗裡，心想他這次一定會趴著向自己道謝，卻不料乞丐仍是不理不睬。

富翁氣得幾乎要發瘋：「我給你十個金幣，你看清楚！我是有錢人，好歹你也尊重我一下，你連道個謝都不會？」

乞丐懶洋洋地回答：「有錢是你的事，尊不尊重你是我的事，這強求不得。」

富翁急了：「那麼，我將我一半的財產送給你，你能不能尊重我呢？」

乞丐翻著一雙白眼看著他：「給我一半財產，那我不是和你一樣有錢了嗎？憑什麼我要尊重你？」

富翁更急道：「好，我將所有的財產都給你，這下你可願意尊重我了吧！」

乞丐大笑：「你將財產全給了我，那你就成了乞丐，而我成了富翁，我為什麼要尊重你呢？」

真是有點同情這個可憐的富翁，他雖然家財萬貫，對乞丐可以一擲千金，但他感覺不到幸福，因為他從沒享受過別人對他的尊重，甚至連乞丐都對他不屑一顧。人活在世上，不僅僅需要物質的享受，更需要的是心靈的充實。別以為金錢是萬能的，可以買到天底下任何你需要的東西。有些東西即使用再多的錢也換不來，像是富翁所渴望的尊重，籠中鳥所渴望的自由，心靈所渴望的寧靜，以及每個人不再回來的青春……世界上總有一些東西，遠比金錢更寶貴，更值得讓你珍惜。

法國著名的將軍狄龍（Théobald Dillon）在他的回憶錄中講了這樣一件事：

一戰期間的一次惡戰，我帶領第八〇步兵團進攻一個城堡，遭到了敵人的頑強抵抗，步兵團被對方火力壓住無法前行。情急之下，我大聲對部下說：「誰設法炸毀城堡，誰就能得到一千法郎。」我以為士兵們肯定會前仆後繼，但是沒有一位士兵衝向城堡。我生氣極了，大聲責罵部下懦弱，有辱法蘭西國家的軍威。

一位軍事長聽罷，大聲對我說：「長官，要是你不提懸賞，全體士兵都會發起衝鋒。」聽罷，我又轉發另一個命令：「全體士兵，為了法蘭西，前進！」結果整個步兵團從掩體裡衝出來，最後，全團一千一百九十四名士兵只有九十人生還。

這就是尊嚴的力量，它比金錢更能讓人產生無窮的動力，甚至可以超越生死。

專家建議：尊嚴重於金錢

尊嚴比生命更重要，如果用錢驅使他們，無疑是奇恥大辱。生活中也是如此，有時候解決問題的最好辦法並不是懲戒，而是尊重。不是有錢就可以買到任何你想要的東西，比金錢更寶貴的是人的尊嚴，以及他人的尊重。

金錢是一面鏡子

每個人都有其潛在的魔鬼，讓你不由自主地感到害怕、被威脅甚至被金錢所反映出的真實的自我而震懾。

——佛洛伊德（Sigmund Freud）

一個富人去拜訪一位哲學家，請教他為什麼自己有了錢後，就變得越來越狹隘自私。

哲學家用手指了一下窗戶，問他：「向外看，告訴我你看到了什麼？」

富人回答：「我看到了外面世界的很多人，還有美麗的風景。」

哲學家又將他帶到一面鏡子前，問：「現在你又看到什麼？」

富人答道：「我自己。」

哲學家笑了笑說：「窗子和鏡子都是玻璃做的，區別只在於鏡子多了一層薄薄的銀子，但是就因為這一點銀子，便叫你只看到自己而看不到世界了。」

很多時候，金錢恰如一面鏡子，它所反映出來的，是一個真實的你。很多人在金錢這個鏡子面前暴露了自己最真實的一面——貪婪，自私，無情。

有這樣一則故事：

有三個猶太人來到耶路撒冷，他們由於身邊帶錢過多不方便，大家商議將各自帶的錢埋在一起，然後就出發了。結果，其中有個人中途偷偷溜回來，將錢全部挖走了。

第二天，大家發現錢被偷了，便猜想一定是自己人所為。但大家都拿不出任何證據，於是，三個人便一起去找以斷案英明著名的所羅門仲裁。

所羅門了解事情經過後，沒有急於問案，反而說：「這裡正好有道題目解不開，請你們三位聰明人幫忙解決一下，然後我再為你們裁決。」

所羅門先講了一個故事：

有個女孩曾答應嫁給某男子，並訂了婚約，但不久以後，她又愛上了另外一個男子。於是，她便向未婚夫提出解除婚約。為此，她還表示願意付給未婚夫一筆賠償金。這個青年雖然痛快地答應了她的要求，卻無意於賠償金。不久後，這個女孩被一個老頭騙了。後來，女孩對老頭說：「我以前的未婚夫不要我的賠償金就和我解除了婚約，所以，你也應該如此待我。」於是，那個老頭也答應了她的要求。

講完故事以後，所羅門詢問道：女孩、青年和老頭，誰的行為最值得讚揚？

第一個人認為，青年能夠不強人所難，不拿一點賠償金，其行為可嘉。

第二個人認為，女孩有勇氣和未婚夫解除婚約，並和真正喜愛的人結婚，其行為可嘉。

第三個人說：「這個故事簡直莫名其妙，那個老頭既然為了錢才誘拐女孩的，可為什麼不拿錢就放她走了呢？」

所羅門不等第三個人說完，指著他大喝一聲：「你就是偷錢的人！」第三個人目瞪口呆。

然後，所羅門才解釋道：「前兩個人關心的是故事中人物的愛情和個性，而你卻只想到錢，你肯定是小偷無疑。」

第三個人不得不歸還了所有的錢。

猶太人的這則故事說明，對於錢的態度是一個人人格高低的表現，品行卑劣的人心中只有錢而沒有道義，高尚的人則會因注重道義而忽視金錢。現實生活中，猶太人也往往根據一個人對於金錢的態度來判斷他的人品。

一個人不可能沒有欲望，但是千萬不要因為過度追求私慾，從而掩蓋住生命中最真實的善良。

專家建議：金錢本身沒有罪過

很多人認為，金錢是萬惡之源，給人們帶來的是痛苦和災難。其實，金錢本身是沒有罪過的，它只是一面鏡子，堅定、自尊的人，能夠在「照妖鏡」面前抵擋住誘惑，依然做一個完整、高尚的人；而邪惡的人在它面前就會露出本來的貪婪面目。

誠信大於金錢

清醒、誠實和勤奮是商業生涯成功的三個主要因素。

人們講求誠信，推崇誠信，誠信作為一種最寶貴的品格，它不僅能讓你贏得世人的尊重，更重要的是，它能夠讓你在金錢的誘惑下保持最善良的本真。

西元一八三五年，摩根先生成為一家名叫「伊特納火災」的小保險公司的股東，因為這家公司不用馬上拿出現金，只需在股東名冊上簽上名字就可成為股東。這正符合當時摩根先生沒有現金卻想獲得收益的情況。

不久後，有一家在伊特納火災保險公司投保的一個客戶家裡發生了火災。按照規定，如果完全付清賠償金，保險公司就會破產。股東們一個個驚惶失措，紛紛要求退股。

摩根先生斟酌再三，認為自己的信譽比金錢更重要。他沒有像其他股東那樣企圖逃避責任，而是賣掉了自己的住房，四處籌款，從而有足夠的資金低價收購了所有要求退股的股份。然後，他將賠償金如數付給了投保的客戶。

因為這件事情，伊特納火災保險公司聲名鵲起。

身無分文的摩根先生成為保險公司的所有者，但此時的保險公司已經瀕臨破產。無奈之中，他打出廣告——凡是再到伊特納火災保險公司投保的客戶，保險賠償金一律加倍。

客戶蜂擁而至。原來在很多人的心目中，伊特納公司是最講信譽的保險公司，這一點使它比許多有名的大保險公司更受歡迎。伊特納火災保險公司從此崛起。

許多年後，摩根主宰了美國華爾街金融帝國。而當年的摩根先生，正是他的祖父——美國億萬富翁摩根家族的創始人。成就摩根家族的並不僅僅是一場火災，而是比金錢更有價值的東西——信譽。

有很多人格特質與金錢無關，誠信便是其中一種。如果說生命是一座莊嚴的城堡，那麼誠信就是那梁柱；如果說生命是一棵蒼茂的大樹，那麼誠信就是那深扎的樹根；如果說生命是一場華麗的演出，那麼誠信就是那昂揚熱情的指揮……失去誠信，生命的動力便蕩然無存。只有誠信能讓你的心靈保持寧靜，仰不愧於天，俯不愧於地。

專家建議：誠信是做人之本

誠信是一個人的做人之本，也是一個企業生存的根本。沒有誠信，人生很難輝煌，同樣，沒有誠信，企業也很難長久地生存下去。這個世界需要誠信。

勤勞比金錢還重要

良好的體魄、清醒的頭腦、聰明的財務管理，再加上勤奮的工作，肯定能夠使有一定原始投資的人成為大人物。

在我們周圍，不乏一些茶來伸手、飯來張口的「小王子」、「小公主」，他們除了吃就是玩，在家裡橫行霸道，說一不二；上學後，父母更是呵護備至，連收拾書包都不用孩子動手，理由很簡單：耽誤了孩子唸書怎麼辦？你的出發點或許是好的，但畢竟教育孩子不是簡單的以愛的名義就能收到良好的效果。譬如培養孩子勤勞的特質，看似是個習慣問題，其實關係到孩子內在涵養，事關孩子未來的發展。

現在的社會是個競爭的社會，絕不僅僅是知識和智慧的較量，更多的是意志和毅力的較量，沒有吃苦耐勞的精神和能力，不可能在激烈的競爭中獲勝。

參考國外對孩子的教育方式，或許能給我們一些啟發：

在德國——

父母從不干預孩子自己的事情。法律還規定，孩子到十四歲就要在家裡做一些家事。這樣做，不僅是為了培養孩子的工作能力，也有利於培養孩子的義務感。

在美國——

父母從孩子小時候就讓他們認識工作的價值。美國南部一些州立學校為培養學生獨立生存的適應社會能力，特別規定：學生必須不帶分文，獨立謀生一週方能予以畢業。條件似乎苛刻，卻使學生們獲益匪淺。

在加拿大——

為了讓孩子在未來社會中立足，父母從很早就開始訓練孩子獨立生活的能力。在加拿大的一個記者家中，兩個上小學的孩子每天早上都要挨家挨戶送報紙。看著孩子興致勃勃地分發報紙，那位父親感到很自豪：「分這麼多報紙不容易，很早就起床，無論颳風下雨都要去送，可孩子們從來都沒有遲到過。」

在日本——

許多學生在課餘時間，都要去外面工作賺錢，就連有錢人家的孩子也不例外。他們靠在餐廳端盤子、洗碗，在養老院照顧老人，做家庭教師等來賺自己的學費。孩子很小的時候，父母就給他們一個觀念——不給別人添麻煩。假如全家人外出旅行，不論多麼小的孩子，都要無一例外地背上一個小背包。理由是：他們自己的東西，應該自己來背。日本的高中和小學高年級，幾乎每年都要定期舉辦「田間學校」、「海島學校」或「森林學校」，讓學生們到田間、海島或森林去「留學」，不僅讓孩子了解農村生活，知道自己的食物怎麼來的，更重要的是讓孩子經歷風雨、見世面，培養他們吃苦耐勞的精神和堅忍不拔的毅力。

這些事例，都告訴我們一個最樸素的道理——給孩子一些機會，讓他們懂得勤勞的價值。勤勞，是一種難能可貴的品格。

專家建議：對孩子進行吃苦教育

對孩子進行吃苦教育不僅是「勞其筋骨」，更重要的是要「苦其心志」。家長做好榜樣相當重要。在家庭生活中，家長的觀點、態度、情感、能力和工作品質，都對孩子的成長產生影響。父母做好表率尤為重要，一個只知道享受的家長是無法培養出一個能「吃苦」的孩子的。

節儉是一種美德

節省而不吝嗇，大度但不浪費。

自古就有這樣的古訓：「成由勤儉，敗由奢。」即使到了現代，這個樸素的真理也不會過時。節儉是一個人的重要品格，很難想像，一個從小隨便浪費的人能成就一番事業，做一個頂天立地的人。

有一對父母帶著剛上小學的女兒去逛街。在一個繁華的路口，有一位老奶奶正在賣報紙。父親從口袋裡掏出一百塊錢交給女兒，讓她去買十份晚報。女兒買回晚報後，父母跟她商量：我們現在按原價把晚報賣出去，看看能不能很快賣完。女兒在父母的幫助下，花了不少時間才把十份晚報賣出去。然後，父母讓小女兒去問賣報的老奶奶，一份報紙能賺多少錢。老奶奶告訴小女孩，賣一份報紙只賺幾塊錢。女孩算了一下，花這麼長時間才能賺一點點，賺錢原來好辛苦啊！

「爸爸、媽媽，我以後可不能隨便亂花錢了，賺錢真不容易。」父母肯定了女兒的想法，及時稱讚了她。此後，女孩養成了節儉的好習慣。

很多世界富豪，其實都是非常「吝嗇」的人，但在以「豪爽瀟灑」為特徵的現代人面前，你會更覺得這些富豪的「吝嗇」實在難能可貴。

有一次，比爾蓋茲和一位朋友開車去希爾頓飯店。飯店前停了很多車，車位很緊張，而旁邊的貴賓車位卻空著不少。朋友建議比爾蓋茲把車停在那裡，但他認為太貴，即便朋友堅持幫他付錢，他還是找了個普通車位。

洛克斐勒到飯店住宿，從來只住普通房間。服務員很不解，問道：「您兒子每次來都要最好的房間，您為何這樣？」洛克斐勒說：「因為他有一個百萬富翁的爸爸，而我卻沒有。」

這些世界頂級富豪的「吝嗇」讓許多人無法理解。其實「吝嗇」是很多富豪們的生活本色和財富態度。你能想到嗎？身價四百多億美元的比爾蓋茲竟沒有自己的私人司機，公務旅行不坐飛機頭等艙而坐經濟艙，衣著也不講究名牌，甚至對打折商品感興趣。美國一家雜誌社曾經做過一個調查顯示，百分之七十的富婆和百分之六十八的富翁都曾經補過鞋，百分之五十八的富婆和將近百分之五十的富翁都用優惠券買過食物。

如今，很多人認為談節儉是一種「上不了檯面」的事情，似乎一個人懂得省錢，就是吝嗇、小氣的表現。其實，節儉是一個人的重要品格，即使在今天，仍然需要提好好鼓勵。古語說得好：「由儉入奢易，由奢入儉難。」如果想要還在在未來成就一番大事業，你應該從小就培養他們養成節儉的好習慣。具體說來，有以下一些方法：

1 教育孩子正確看待錢，不義之財絕不可取。

2 教孩子學會花錢。孩子的消費行為是由被動逐步走向主動的，從小學低年級開始，就應教孩子買東西，如何用錢，如何找錢，如何選擇物有所值的物品。有些家長要求孩子對零用錢「記收支帳」，是培養節儉品格的一種好方法。

3 教孩子學會累積。讓孩子在存錢、用錢的過程中，培養節儉的好品德。

4 教育孩子懂得量入為出。要讓孩子明白，花錢必須有經濟來源，而且要看支付能力。

5 教育孩子珍惜物品，不浪費。讓孩子體驗工作，體驗艱辛。

專家建議：節儉是不可缺少的一項理財教育內容

這些世界巨富之所以能夠如此有錢，是因為他們已經形成了節儉的作風。他們的財富正是在不斷的努力創造和精打細算上逐漸積聚的，從來沒有人能夠在不加節制的生活中積聚財富。

錢不是用來炫耀的

為富裕所做的最好準備就是學會因有錢而自在。

金錢，在很多人眼中是萬能的，是財富的象徵，更是身分的象徵。有個成語叫「財大氣粗」，彷彿有了錢的支撐，整個人的地位就緊跟著一路飆升。在生活中經常看到一些人，喜歡在別人面前炫耀自己有多少錢，喜歡以奢侈來炫耀財富，以為這樣就能贏得別人的尊重，事實恰好相反，這樣的做法往往引起他人的反感。

對奢侈品的態度，人們褒貶不一，有人認為奢侈品是人們生活品質提高後的必然產物，是人們對於美好事物的品味追求；也有人認為購買奢侈品，完全是虛榮心在作祟，這些人只想透過高級消費品來炫耀自己的身價，表現自己的「高人一等」。事實上，無論出於什麼目的，購買奢侈品的人，都把用奢侈品作為自己的身分象徵。

除了對各種奢侈品的追求，還有很多富人以「吃」來炫耀財富。

一位五星級飯店的廚師回憶說，有位顧客在點了最昂貴的瑪歌堡紅酒後，卻往裡面兌入半杯雪碧。他說：「他只是在牛飲，根本沒有品味那杯酒。」

的確，當消費成為揮霍的時候，恐怕就談不上什麼品味了。你肯定覺得這樣的人很可笑，但這種事卻經常發生。有些人，希望用錢來支撐起生命的榮耀，沒想到，錢卻讓他的生命顯得更加卑微，更加悲涼。

小舟去年狠下心買了輛高級轎車，結果不到一年的時間，價格跌了好幾萬元，朋友對他深表同情，他說：「其實我心疼的不是那幾萬塊錢，而是價格下跌後，車的等級也跌了下來。」小舟的潛臺詞是：愛車的階級跌下來之後，我的面子也跟著跌了下來。

很多時候，人們買一樣東西，看中的並不完全是它的使用價值，而是希望藉由這樣東西炫耀自己的財富、地位或者其他。所以，越是些貴得離譜的東西，越能受到部分消費者的青睞。制度經濟學派的開山鼻祖托斯丹．韋伯倫（Thorstein Bunde Veblen）將這種現象稱為「炫耀性消費」，他認為，那些難於種植並因此昂貴的花並不必然比野生的花更漂亮，對於牧場和公園，一頭鹿顯然沒有一頭牛有用，但人們喜歡前者，因為牠更加昂貴、更加沒用。後來的經濟學家們將這種炫耀性消費的商品稱之為「韋伯倫物品」，這種物品的特點是：價格越高，需求量越大。

總有些人認為，自身的價值是建立在那些「外包裝」上的，名牌服裝、高級轎車、豪華別墅——只有這些，才是他生命價值的完全表現。事實是，很多時候，那只能顯示出他的淺薄。因為人們都明白一個道理：善於賺錢的人，會更加慎重地使用金錢，反而是那些錢少的人，往往喜歡打腫臉充胖子。

專家建議：別在他人面前顯示你的淺薄

越是有錢的人，越不在乎使用廉價物品，而往往是那些沒有錢又心理自卑的人，生怕使用廉價物品讓他們丟了面子，跌了身分。美國超級富豪保羅．蓋提（Jean Paul Getty）說：「我並不以擁有多少錢來衡量我的成功，我的成功以我的工作和我的財富所造成的就業職位和生產物品來衡量。」沒錢的人若能表現出真誠和應有的自尊，一樣能夠贏得他人的尊敬，而沒錢卻硬裝有錢人，只會讓人避而遠之。

與別人分享你的金錢

對自己要節儉，對他人則要慷慨。

——李嘉誠

一個真正的成功者，並不僅僅因為他賺到了很多錢，更是因為他有一顆博愛的心，能夠用自己的力量去幫助更多需要幫助的人，讓金錢大放異彩，讓生命更有價值。

美國是世界有名的捐款大國。在美國，經常可以看到大大小小的捐款活動，呼籲捐款的信件會時常提醒人們莫忘獻出愛心。有句話說：「美國的發展在很大程度上是靠富人捐款捐出來的。」可能有點言過其實，但不可否認，美國的許多公共設施都是靠富人捐款建設的。有資料顯示，七成五的美國人為慈善事業捐款，每個家庭年均捐款約一千多美元。慈善大戶更是比比皆是：卡內基、比爾蓋茲、巴菲特等，當然，還有更多的「幕後英雄」。

你能想像自己成為世界上最富有的人，然後再將所賺來的錢送出去嗎？安德魯·卡內基（Andrew Carnegie）就做這樣的事。

一九〇一年，時年六十六歲且為世上首富的安德魯·卡內基自工作職位上退休後，想要成為一位慈善家。他深信「財富的福音」，其意指富人在道德上有義務將他們的錢回饋到社會上。

把錢送出去成為卡內基退休後的新工作。一九〇二年時，他成立了卡內基協會，旨在資助科學研究計畫，並捐款一千萬美元創立了一個專為老師而設的退休金基金。卡內基年輕時，住在陸軍上校詹姆斯·安德森家附近，這位上校允許所有的男孩免費使用他的私人圖書館。當時，美國並沒有免費的公共圖書館。卡內基從未忘記陸軍上校安德森的慷慨，因此，教育也是卡內基的資助對象之一。經他資助而建成的公共圖書館總共有兩千多間。他還投入一點二五億美元創辦了卡內基社團法人，旨在幫助大學及其他學校。世界和平是卡內基追求的另一個理想，為此他創立了卡內基國際和平促進會，並在荷蘭興建了內有國際法庭的海牙和平宮大樓。到一九一一年為止，卡內基一共捐贈出去的錢高達他財產的九成。

另一位默默無聞的捐款人或許會更讓你感動：

美國坎薩斯城的富翁斯圖亞特每年在耶誕節期間向窮人捐款，二十六年如一日，捐出的款項共達一百三十萬美元。更令人感動的是，斯圖亞特默默地做了二十六年好事，從不留名，人們用了二十六年時間，苦苦尋找這位「聖誕天使」。直到斯圖亞特身患重病不久於人世的情況下，才向媒體披露了他的真實身分。他說，他這麼做不是為了讓人們感激他，而是希望有更多的人能像他那樣向那些急需援助的弱勢族群獻出愛心。一名坐在輪椅上等待救助的身障人士說：「對這樣慈悲為懷的富人，我心裡只有深深的崇敬。」

華倫·巴菲特也表示，他要把他一生中用經營股票累積起來的大部分財富捐獻給慈善事業，總額高達三百一十億美元，這筆捐贈將被用來戰勝人類的疾病和促進教育事業。華倫．巴菲特素有股神之稱，他捐獻出的鉅款，排除通貨膨脹因素之後，已經超過當年美國歷史上著名的慈善家洛克斐勒和卡內基。

有這樣一句名言：人並非為獲取而給予，給予本身即是無與倫比的歡樂。《聖經》也說：施比受有福。當你給予別人幫助時，自己也將獲得快樂和滿足。

專家建議：給予，也是一種美德

只有懂得幫助別人的人，才可能在自己陷入困境之時獲得他人的幫助。給予是一種美德，能夠給予別人，是一種幸福。給予和獲得是相互的，如同力作用中的作用力和反作用力。只有你曾經給予別人，日後才可能獲得別人的回報。

君子愛財，取之有道

分利於人，則人我共興。

——李嘉誠

我們的衣食住行哪樣都離不開錢，因此，「君子愛財」無可厚非。但如果戀錢、迷錢、貪錢，乃至不擇手段地聚斂財富，無疑會走向犯罪的深淵。金錢具有雙面性，是人類生存的基礎和財富的象徵。在人類社會的發展中，金錢發揮一定的進步作用。它在商品交換過程中產生並發展起來，成為文明社會不可缺少的特殊商品。正如馬克思（Karl Marx）所言：「個人如果不脫離這種原始的共同體，就像不剪斷臍帶的嬰兒一樣，永遠不會長大，也永遠得不到發展。」商品、金錢是在人的勞動下創造出來的，它和創造一起使人類社會有了發展的可能。因此，評價金錢要客觀，不能單單將其視為「萬惡之源」。

然而，我們也不可低估金錢的腐蝕性。有這樣一則故事：

某商人請唐伯虎寫對聯，唐伯虎立書一副：「生意如春意，財源似水源。」誰知商人不滿意，希望寫成「看得見、一堆一堆的」。唐伯虎改寫道：「門前生意，好似夏夜蚊子，堆出堆進；櫃裡銅錢，要像冬天蝨子，越捉越多。」商人拍手叫絕：「太好了，太好了，正合我意！」

這則笑話形象而深刻地反映了一些人對金錢貪得無厭的庸俗心態。過度追逐金錢，必然滋長占有慾、比較心理，助長拜金、享樂主義，導致欺詐、貪贓、受賄、搶劫等許多犯罪行為。金錢對那些愛錢如命、貪得無厭的人來說，就像魔鬼一樣，使其迷心竅、失去理智，做出違法亂紀的事情。

世上有很多比錢更寶貴的東西，像是崇高的理想、優良的品格、高尚的道德、無私的親情等等。正如一位知名國際問題專家所言：

「錢可以買到房屋，但買不到家；可以買到藥品，但買不到健康；可以買到珠寶，但買不到美麗；可以買到夥伴，但買不到朋友；可以買到虛名，但買不到實學；可以買到權力，但買不到威望；可以買到小人的心，但買不到「君子的志。」

金錢猶如一面鏡子，乾淨的人照出潔白無瑕，汙濁的人照出醜陋嘴臉。對於金錢，培根強調：「應該用正當的手段去謀求」，靠「卑劣手段得來的財富卻是骯髒的」。如果以有錢為樂、以享受為人生追求，必然會貪不義之財，聚斂越多越是罪過。

「君子愛財」，是以「取之有道」為基礎的，愛財而取之無道，就是不義之財了。不義之財的種類有很多，貪汙受賄、偷搶拐騙等等，都是因為無法以平常心態去對待財富。所以，這樣的人往往無法體會生活的美好。

一個人賺錢的方式往往影響著他的消費習慣，不義之財既然來得不正當，往往就會導致不正常的消費。有一篇報導說：一段時間以來，美國西海岸許多地方的房價之所以一漲再漲，與太多中國人在這裡購房有關。這些中國人出手闊綽，許多在美國人眼裡都是豪宅的房產，這些人眼睛都不眨一下，現金交易，一次付清，看得美國人目瞪口呆。

很多人由於沒有正確的金錢觀，貪圖享樂，拚命斂取不義之財，最後為之付出慘痛的代價。其實，金錢既不是天使，也不是魔鬼，只要正確地對待它，就不會落入萬丈深淵。

倘若我們能取之有道，用之有度，賺錢和消費就會變成非常快樂、充實的事情。

有人說，人生的最終目的不是金錢，而是快樂。

賺錢的最高境界是快樂地賺錢，雖然很多時候，魚與熊掌不可得兼，但這絲毫不會動搖我們為之而努力的決心。

專家建議：金錢本身沒有善惡對錯之分

有人說，金錢是「萬惡之源」，它會蒙蔽人的眼睛，帶來貪婪和欺騙。這種說法沒錯，金錢在某種程度是會帶來禍害，但這不是絕對的。金錢本身沒有善惡對錯之分，關鍵看人如何對待它。只有當金錢誘使人們貪圖享樂、不思進取時，它才是一種有害之物。有創造財富的意識而不貪財，才是應有之道。

電子書購買

國家圖書館出版品預行編目資料

先付出，才能領取獎勵：給孩童的「財商」課，致富能力要從小養成 / 黃依潔，史可著．-- 第一版．-- 臺北市：崧燁文化事業有限公司，2021.12
面；　公分
POD 版
ISBN 978-986-516-943-5(平裝)
1. 個人理財 2. 兒童教育
563　　110018905

先付出，才能領取獎勵：給孩童的「財商」課，致富能力要從小養成

臉書

作　　者：黃依潔，史可
發 行 人：黃振庭
出 版 者：崧燁文化事業有限公司
發 行 者：崧燁文化事業有限公司
E-mail：sonbookservice@gmail.com
粉 絲 頁：https://www.facebook.com/sonbookss/
網　　址：https://sonbook.net/
地　　址：台北市中正區重慶南路一段六十一號八樓 815 室
Rm. 815, 8F., No.61, Sec. 1, Chongqing S. Rd., Zhongzheng Dist., Taipei City 100, Taiwan (R.O.C)
電　　話：(02)2370-3310　　傳　　真：(02) 2388-1990
印　　刷：京峯彩色印刷有限公司（京峰數位）

定　　價：377 元
發行日期：2021 年 12 月第一版
◎本書以 POD 印製